나·이·스·사·주·명·리

다시 쓰는
명리학

...종합편...

다시 쓰는 명리학 시리즈

나·이·스·사·주·명·리

다시 쓰는 명리학

...종합편...

맹기옥 著

祥元文化社

머리말...

이 책은 《다시 쓰는 명리학 시리즈》 중에서 제3권 『다시 쓰는 명리학(종합편)』입니다.

이 책은 월 지지별로 각 천간을 총 120가지 종류로 분석해 놓았습니다. 이 책으로 천간과 지지에 대해 정리를 잘해두면 일간을 월지와 일지에 대입하여 분류하는 720가지 구분도 쉽게 할 수 있게 됩니다. 그 후에는 어떤 사주라도 자신감을 가지고 풀어낼 수 있을 것입니다.

이 책을 적어도 5번 이상 보셔서 어떤 사주팔자라도 자신감을 가지고 상담할 수 있도록 자기만의 기준을 만들어 보시기 바랍니다.

◈ ◈ ◈

시중에는 10년, 20년을 공부해도 사주풀이에 자신이 없다는 사람들이 많습니다. 명리학 이론을 체계적으로 공부하지 않고 섣부르게 사주풀이를 하려고 했기 때문입니다. 기초가 부실한 탑으로는 아무리 노력해도 결과는 뻔합니다. 방법은 기존의 탑을 부수고 다시 시작해야 하는데 굳어버린 기존의 습관 때문에 계속 장애가 발생합니다. 그래서 첫 단추를 제대로 끼우는 일이 무척 중요합니다.

영어교육을 전공하고 중·고등학교와 입시학원 등에서 아이들을 가르치고 있을 때 개인차가 항상 의문이었습니다. 이런 의문을 가지고 있을 때 명리학을 접했습니다. 명리학에서 개인차에 대한 답을 찾을 수도 있을 것 같아서 관심을 가졌고, 그 후로 명리학에 대해 책을 쓰고 강의와 상담도 하고 있습니다.

2012년 원광디지털대학 동양학과에 편입하여 졸업한 후 2013년부터 서울 성북동 동방문화대학원대학교 평생교육원 명리학 최고 지도자

과정과 명리학 전문가과정에서 강의를 하고 있습니다. 다음과 네이버의 나이스사주명리 카페와 유튜브 나이스사주명리에도 꾸준히 명리학에 대한 자료들을 올리고 있습니다.

2012년 기존 명리학 이론을 정리한 『나이스사주명리(이론편)』을 출간하였고, 그 후 『나이스사주명리(응용편)』『나이스사주명리(고전편)』을 상원문화사에서 출간하였습니다. 이 과정에서 떠나지 않는 의문이 있었는데 같은 팔자와 같은 운의 흐름을 보면서도 같은 질문에 서로 다른 답을 하는 것이었습니다. 문제점을 찾고자 명리학 고전인 『자평진전』『난강망』『적천수』를 다시 정리하여 『자평진전해설서』『난강망해설서』『적천수해설서』를 출간하였습니다. 그러니까 이러한 책들은 기존의 명리학 이론을 정리하거나 해설해 놓은 책들입니다.

이 과정에서 같은 팔자를 보고도 서로 다른 주장을 하는 원인을 찾아냈습니다. 기존의 명리학은 음을 무시하고 양 중심의 오행으로 설명하고 있었습니다. 甲木과 乙木을 구분하지 못하고 木이라 하고, 丙火와 丁火를 구분하지 못하고 火라고 합니다. 戊土와 己土를 구분하지 못하고 土라고 하고, 庚金과 辛金을 구분하지 못하고 金이라 하고, 壬水와 癸水를 구분하지 못하고 水라고 합니다. 음과 양은 정반대로 운동하는데 같다고 해버리니 명리학의 첫 단추인 음양에서부터 문제가 생긴 것입니다. 근본에서 답을 찾으려 하지 않고 드러나는 문제점들만 일일이 대처하며 땜질식으로 온갖 잔기술과 기교를 부리며 새로운 이론이 나왔다가 사라지기를 반복해 온 것이 명리학의 역사입니다. 형·충·파·해나 통근, 지장간, 수많은 신살 그리고 다양한 용신론, 허자론 등이 그런 것들입니다.

2015년부터 음과 양을 대등하게 적용하여 만든 새로운 12운성 표를 수업에 적용하여 오다가, 2017년 이후 출간된 모든 책에는 새로운 12운성 표를 실었습니다. 그 후 기존 12운성에 의문을 가졌던 분들의 열렬한 호응을 받았고, 20~30년 공부를 했으나 답을 찾지 못해 명리를 포기하려는 순간 새로운 희망을 보았다는 분들도 만났습니다.

이번에 출간하는 《다시 쓰는 명리학 시리즈》는 음과 양이 대등하다는 자연의 법에 기준을 두고 '새로운 12운성, 새로운 12신살 그리고 십신의 재해석'에 이르기까지 명리학의 새로운 기준을 제시하고 있습니다.

제1권 『다시 쓰는 명리학(이론편)』은 기존 명리학과 다른 새로운 기준을 제시하는 명리학 종합이론서입니다.

제2권 『다시 쓰는 명리학(응용편)』은 1권에서 배운 이론들을 적용, 응용, 훈련하는 책입니다.

제3권 『다시 쓰는 명리학(종합편)』은 각 천간을 월별로 총 120가지로 분류하여 오행이 아닌 천간과 지지 중심으로 팔자를 볼 수 있도록 서술한 책입니다.

제4권 『다시 쓰는 명리학(형충파해와 신살편)』은 명리학에서 지엽적인 형충파해와 여러 가지 신살을 해석하는 방법에 대해 다루고 있습니다.

이 책들을 반복 학습한다면 전국 어디에서 공부하더라도 같은 팔자를 보면 똑같은 설명을 할 수 있습니다. 《실전편》을 찾는 분들이 있는데 다양한 질문에 따라 답이 나와야 하므로 글로 쓰기에는 상당히 힘들고 양도 많아집니다. 나이스사주명리 홈페이지에 수업자들이 칠판에 적은 사주와 질문을 설명하는 '사주풀이 동영상 모음'이 있습니다. 필요하신 분은 참고하기 바랍니다.

공자님 말씀 중에 溫故而知新온고이지신 可以爲師矣가이위사의라는 말이 있습니다. "옛것을 알고 새로운 것을 펼쳐야 스승이 될 수 있다."라는 말입니다. 수백 년 전 이론을 그대로 전달만 하고 있으면 스승이 될 자격이 없다는 뜻입니다. 자연의 법은 간단합니다. 밤과 낮처럼 음과 양은 대등하면서 반대로 운동합니다. 진리는 가까이 있는데 근본을 무시하고 그동안 지엽적인 것에서만 답을 찾으려고 헤매지 않았나 하는 생각이 듭니다.

사주팔자는 '태어날 때 각자에게 주어지는 시간표'입니다. 명리학은 각자에게 주어진 시간표가 다르므로 '내 삶의 주인은 나'라고 가르치고 있습니다. 남에게 간섭받지도 말고 간섭하지도 말며 각자가 자기 삶의 주인으로 살아가면 좋겠습니다.

책이란 표지와 종이가 아닌 책 속의 내용으로 가치가 매겨집니다. 이 책에는 기존 명리학의 문제점을 발견한 이후 오랫동안 시간과 노력을 들여 새롭게 정립한 이론들이 들어 있습니다. 책의 내용을 인용할 때는 반드시 출처를 밝혀 주시고, 이 책을 소유하신 분들도 불법 무단 복제되어 돌아다니지 않도록 해주시기 바랍니다. 무엇이든지 본인이 소중하게 여겨야 남도 소중하게 여깁니다.

건강〔體〕해야 일〔用〕을 할 수 있고, 내〔我〕가 있어야 주변 사람이나 사물들〔他〕이 있을 것이니 심신의 건강을 최우선으로 하시기 바랍니다. 모두 '명리(命理)와 함께 자연(自然)스러운 삶'을 살아가면 좋겠습니다.

끝으로 이 책이 나올 수 있도록 몇 달 동안 수고해 주신 상원문화사 문해성 대표님, 김영철 실장님과 직원 여러분께 고마움을 전합니다. 그리고 동방문화대학원대학교 평생교육원과 신설동 전통과학아카데미, 광주 나이스사주명리학회에서 함께 공부하신 분들과 나이스사주명리 카페 회원 여러분들께도 감사함을 전합니다.

이 책의 교정에 참여해 주신 김도경님(고양), 김점수님(서울), 김정희님(인천), 나윤오님(성남), 맹기홍님(광주), 설의정님(인천), 송지희님(인천), 우미연님(서울), 이경자님(서울), 이성열님(서울), 이재숙님(청주), 이주현님(원주), 이채윤님(용인), 장은선님(부산), 장정호님(예산), 조원님(서울), 주영래님(서울), 주정란님(대전), 최영윤님(안산), 한수경님(서울) 정말 고맙습니다.

2024년 봄
빛고을 光州에서
孟起玉

...차례

12운성의
새로운 해석

나이스주명리 다시 쓰는 명리학

...종합편...

새로운 12운성 표

천간 지지	甲	乙	丙	丁	戊	己	庚	辛	壬	癸
寅	건록 (建祿)	절 (絕)	장생 (長生)	병 (病)	장생 (長生)	병 (病)	절 (絕)	건록 (建祿)	병 (病)	장생 (長生)
卯	제왕 (帝旺)	태 (胎)	목욕 (沐浴)	사 (死)	목욕 (沐浴)	사 (死)	태 (胎)	제왕 (帝旺)	사 (死)	목욕 (沐浴)
辰	쇠 (衰)	양 (養)	관대 (冠帶)	묘 (墓)	관대 (冠帶)	묘 (墓)	양 (養)	쇠 (衰)	묘 (墓)	관대 (冠帶)
巳	병 (病)	장생 (長生)	건록 (建祿)	절 (絕)	건록 (建祿)	절 (絕)	장생 (長生)	병 (病)	절 (絕)	건록 (建祿)
午	사 (死)	목욕 (沐浴)	제왕 (帝旺)	태 (胎)	제왕 (帝旺)	태 (胎)	목욕 (沐浴)	사 (死)	태 (胎)	제왕 (帝旺)
未	묘 (墓)	관대 (冠帶)	쇠 (衰)	양 (養)	쇠 (衰)	양 (養)	관대 (冠帶)	묘 (墓)	양 (養)	쇠 (衰)
申	절 (絕)	건록 (建祿)	병 (病)	장생 (長生)	병 (病)	장생 (長生)	건록 (建祿)	절 (絕)	장생 (長生)	병 (病)
酉	태 (胎)	제왕 (帝旺)	사 (死)	목욕 (沐浴)	사 (死)	목욕 (沐浴)	제왕 (帝旺)	태 (胎)	목욕 (沐浴)	사 (死)
戌	양 (養)	쇠 (衰)	묘 (墓)	관대 (冠帶)	묘 (墓)	관대 (冠帶)	쇠 (衰)	양 (養)	관대 (冠帶)	묘 (墓)
亥	장생 (長生)	병 (病)	절 (絕)	건록 (建祿)	절 (絕)	건록 (建祿)	병 (病)	장생 (長生)	건록 (建祿)	절 (絕)
子	목욕 (沐浴)	사 (死)	태 (胎)	제왕 (帝旺)	태 (胎)	제왕 (帝旺)	사 (死)	목욕 (沐浴)	제왕 (帝旺)	태 (胎)
丑	관대 (冠帶)	묘 (墓)	양 (養)	쇠 (衰)	양 (養)	쇠 (衰)	묘 (墓)	관대 (冠帶)	쇠 (衰)	양 (養)

음양(陰陽)

음과 양은 밤과 낮의 변화처럼 반대로 운동한다. 음이 활동하면 양이 쉬고, 양이 활동하면 음이 쉰다.

살아 있는 것들은 모두 음양 운동을 한다. 음양 운동은 나가고 들어오고, 올라가고 내려오고, 열고 닫고, 커지고 작아지고, 켜고 끄고, 펼치고 덮는 반복 순환운동이다. 만물은 음양 운동을 통해 활력을 찾고 생명을 이어간다.

태극 모양에서 보듯이 음과 양은 대등하다. 음과 양을 대등하게 여겨야 활력과 건강이 넘치는 사회를 이룰 수 있다. 공부와 휴식, 일과 휴식을 적절하게 배분해야 능률과 효율을 높일 수 있다.

양은 안에서 밖으로 나오는 운동을 하고, 음은 밖에서 안으로 들어가는 운동을 한다. 목·화·토·금·수 오행도 모두 음양 운동을 한다. 양간인 甲丙戊庚壬은 안에서 밖으로 나가고, 음간인 乙丁己辛癸는 밖에서 안으로 들어가는 운동을 한다.

안으로 들어가면서 활동하는 음은 잘 보이지 않는다. 그래서 음의 존재를 무시하는 경우가 많다. 그러나 동전의 앞·뒷면처럼 음이 없는 양은 있을 수 없고, 양이 없는 음도 있을 수 없다.

사주팔자는 천간과 지지로 되어 있다. 천간은 우주의 운동을 나타내고, 지지는 지구의 운동을 나타낸다. 우주는 오행 운동을 하고, 지구는 지축의 기울기 때문에 사계절 운동을 한다. 천간은 마음이나 생각을 나타내고, 지지는 살아가는 현실, 즉 시간과 공간을 나타낸다. 천간과 지지와의 관계를 설명해 놓은 것이 12운성이다.

천간(天干)	지지(地支)
우주	지구
하늘	땅
오행	사계절
머리(두뇌)	손발
생각	현실
사랑	밥

오행 기준 12운성

木 운동은 **甲木**이 안에서 밖으로 나오면 **乙木**이 밖에서 안으로 들어간다.

火 운동은 **丙火**가 안에서 밖으로 나오면 **丁火**가 밖에서 안으로 들어간다.

土 운동은 **戊土**가 안에서 밖으로 나오면 **己土**가 밖에서 안으로 들어간다.

金 운동은 **庚金**이 안에서 밖으로 나오면 **辛金**이 밖에서 안으로 들어간다.

水 운동은 **壬水**가 안에서 밖으로 나오면 **癸水**가 밖에서 안으로 들어간다.

오행	木	火	土	金	水	운동 방향
양간	甲木	丙火	戊土	庚金	壬水	안에서 밖으로 나온다
음간	乙木	丁火	己土	辛金	癸水	밖에서 안으로 들어간다

_木 운동의 12운성

木운동에 관해 알아보자. 木에는 甲木과 乙木이 있다.

● 木운동은 卯와 酉에서 배턴 터치가 이루어진다. 酉에서 잉태하여 卯
까지 안에서 밖으로 나오며 확산 상승 운동을 담당하는 木은 양간인
甲木이다. 卯에서 배턴을 이어받아 酉까지 밖에서 안으로 들어가며
응축 하강 운동은 乙木이 담당한다.

● 甲木이 확산 상승하는 일을 할 때 乙木은 휴식과 충전을 하고, 乙木
이 응축 하강하는 일을 할 때 甲木은 휴식과 충전을 한다.

	寅	**卯**	辰	巳	午	未	申	**酉**	戌	亥	子	丑
甲木	건록 (建祿)	제왕 (帝旺)	쇠 (衰)	병 (病)	사 (死)	묘 (墓)	절 (絕)	태 (胎)	양 (養)	장생 (長生)	목욕 (沐浴)	관대 (冠帶)
乙木	절 (絕)	태 (胎)	양 (養)	장생 (長生)	목욕 (沐浴)	관대 (冠帶)	건록 (建祿)	제왕 (帝旺)	쇠 (衰)	병 (病)	사 (死)	묘 (墓)

_火 운동의 12운성

火운동에 관해 알아보자. 火에는 丙火와 丁火가 있다.

● 火운동은 丙火와 丁火가 번갈아 가며 더 확산과 더 상승, 더 응축과
더 하강하는 운동을 한다.

● 火운동은 午와 子에서 배턴 터치가 이루어진다. 子에서 잉태하여 안
에서 밖으로 나오며 더 확산 더 상승하는 운동은 丙火가 담당한다.
午에서 배턴을 이어받아 子까지 안으로 들어가며 더 응축 더 하강하

는 운동은 丁火가 담당한다.

● 丙火가 더 확산 더 상승하는 일을 할 때 丁火는 휴식과 충전을 하고,
  丁火가 더 응축 더 하강하는 일을 할 때 丙火는 휴식과 충전을 한다.

	寅	卯	辰	巳	午	未	申	酉	戌	亥	子	丑
丙火	장생 (長生)	목욕 (沐浴)	관대 (冠帶)	건록 (建祿)	제왕 (帝旺)	쇠 (衰)	병 (病)	사 (死)	묘 (墓)	절 (絕)	태 (胎)	양 (養)
丁火	병 (病)	사 (死)	묘 (墓)	절 (絕)	태 (胎)	양 (養)	장생 (長生)	목욕 (沐浴)	관대 (冠帶)	건록 (建祿)	제왕 (帝旺)	쇠 (衰)

_土 운동의 12운성

土운동에 관해 알아보자. 土에는 戊土와 己土가 있다.

● 土운동은 戊土와 己土가 번갈아 가며 음양 운동을 한다. 土운동은
  火土동법에 의해 火운동과 12운성을 같이 쓴다.

● 土운동은 火운동처럼 午와 子에서 배턴 터치가 이루어진다. 子에서
  午까지는 안에서 밖으로 나오며 戊土가 활동하고, 午에서 子까지는
  밖에서 안으로 들어가며 己土가 활동한다.

● 戊土는 더 확산 더 상승하는 丙火의 운동을 억제하며 응축 하강 운
  동하는 庚金을 돕는다. 己土는 더 응축 더 하강하는 丁火의 운동을
  억제하고 확산 상승 운동하는 辛金을 돕는다.

● 戊土가 활동하면 己土는 휴식과 충전을 하고, 己土가 활동하면 戊土
  는 휴식과 충전을 한다.

	寅	卯	辰	巳	午	未	申	酉	戌	亥	子	丑
戊土	장생 (長生)	목욕 (沐浴)	관대 (冠帶)	건록 (建祿)	제왕 (帝旺)	쇠 (衰)	병 (病)	사 (死)	묘 (墓)	절 (絕)	태 (胎)	양 (養)
己土	병 (病)	사 (死)	묘 (墓)	절 (絕)	태 (胎)	양 (養)	장생 (長生)	목욕 (沐浴)	관대 (冠帶)	건록 (建祿)	제왕 (帝旺)	쇠 (衰)

_金 운동의 12운성

金운동에 관해 알아보자. 金에는 庚金과 辛金이 있다.

● 金운동은 庚金과 辛金이 번갈아 가며 응축과 확산, 하강과 상승하는 운동을 한다. 만물은 생명을 이어가기 위해 올라가는 만큼 내려오고, 내려가는 만큼 올라가는 운동을 한다.

● 金운동은 木운동처럼 卯와 酉에서 배턴 터치를 하지만 운동 방향은 반대이다. 卯에서 잉태하여 안에서 밖으로 나오며 응축 하강 운동을 담당하는 金은 庚金이다. 酉에서 배턴을 이어받아 卯까지 밖에서 안으로 들어가며 확산 상승 운동은 辛金이 담당한다.

● 庚金이 응축 하강하는 일을 할 때 辛金은 휴식과 충전을 하고, 辛金이 확산 상승하는 일을 할 때 庚金은 휴식과 충전을 한다.

	寅	卯	辰	巳	午	未	申	酉	戌	亥	子	丑
庚金	절 (絕)	태 (胎)	양 (養)	장생 (長生)	목욕 (沐浴)	관대 (冠帶)	건록 (建祿)	제왕 (帝旺)	쇠 (衰)	병 (病)	사 (死)	묘 (墓)
辛金	건록 (建祿)	제왕 (帝旺)	쇠 (衰)	병 (病)	사 (死)	묘 (墓)	절 (絕)	태 (胎)	양 (養)	장생 (長生)	목욕 (沐浴)	관대 (冠帶)

_水 운동의 12운성

水운동에 관해 알아보자. 水에는 壬水와 癸水가 있다.

- 水운동은 壬水와 癸水가 번갈아 가며 더 응축과 더 하강, 더 확산과 더 상승하는 운동을 한다.

- 水운동은 火운동처럼 子와 午에서 배턴 터치를 하지만 운동 방향은 반대이다. 午에서 잉태하여 안에서 밖으로 나오며 더 응축 더 하강 운동을 담당하는 水는 壬水이다. 子에서 배턴을 이어받아 午까지 밖에서 안으로 들어가며 더 확산 더 상승하는 운동은 癸水가 담당한다.

- 壬水가 더 응축 더 하강하는 일을 할 때 癸水는 휴식과 충전을 하고, 癸水가 더 확산 더 상승하는 일을 할 때 壬水는 휴식과 충전을 한다.

	寅	卯	辰	巳	午	未	申	酉	戌	亥	子	丑
壬水	병(病)	사(死)	묘(墓)	절(絶)	태(胎)	양(養)	장생(長生)	목욕(沐浴)	관대(冠帶)	건록(建祿)	제왕(帝旺)	쇠(衰)
癸水	장생(長生)	목욕(沐浴)	관대(冠帶)	건록(建祿)	제왕(帝旺)	쇠(衰)	병(病)	사(死)	묘(墓)	절(絶)	태(胎)	양(養)

천간의 속성

양간은 안에서 밖으로 나오는 운동을 하고, 음간은 밖에서 안으로
들어가는 운동을 한다.

木 운동은 甲木이 양간이고 乙木이 음간이다.
火 운동은 丙火가 양간이고 丁火가 음간이다.
土 운동은 戊土가 양간이고 己土가 음간이다.
金 운동은 庚金이 양간이고 辛金이 음간이다.
水 운동은 壬水가 양간이고 癸水가 음간이다.

오행	木		火		土		金		水	
천간	甲木	乙木	丙火	丁火	戊土	己土	庚金	辛金	壬水	癸水
음양	양	음	양	음	양	음	양	음	양	음

_양간 : 甲木 丙火 戊土 庚金 壬水 (양간은 양간끼리 어울린다)

_음간 : 乙木 丁火 己土 辛金 癸水 (음간은 음간끼리 어울린다)

음간(乙丁己辛癸)	양간(甲丙戊庚壬)
밖에서 안으로 들어간다	안에서 밖으로 나온다

살아 있는 것들은 모두 음양 운동을 한다. 음양 운동은 올라간 만큼 내려오고, 내려온 만큼 올라간다. 또 확산한 만큼 응축하고, 응축한 만큼 확산한다. 음 운동과 양 운동이 균형을 이룰 때 가장 자연스럽게 활력과 생명력이 생긴다. 활력과 생명력을 얻으려면 음양 운동을 해야 한다.

_甲木이 확산 상승하면, 乙木은 응축 하강한다.

_丙火가 더 확산 더 상승하면, 丁火는 더 응축 더 하강한다.

_戊土는 더 확산 더 상승 운동을 응축 하강 운동으로 바꾸고,

　己土는 더 응축 더 하강 운동을 확산 상승 운동으로 바꾼다.

_庚金이 응축 하강하면, 辛金은 확산 상승한다.

_壬水가 더 응축 더 하강하면, 癸水는 더 확산 더 상승한다.

_甲木이 안에서 밖으로 나오면, 乙木은 밖에서 안으로 들어간다.

_丙火가 안에서 밖으로 나오면, 丁火는 밖에서 안으로 들어간다.

_戊土가 안에서 밖으로 나오면, 己土는 밖에서 안으로 들어간다.

_庚金이 안에서 밖으로 나오면, 辛金은 밖에서 안으로 들어간다.

_壬水가 안에서 밖으로 나오면, 癸水는 밖에서 안으로 들어간다.

다시 정리하면 다음과 같다.

甲木은 안에서 밖으로 나오면서 확산 상승 운동을 하고, 乙木은 밖에서 안으로 들어가면서 응축 하강 운동을 한다. 甲木이 나오면 乙木이 들어가고, 甲木이 올라가면 乙木이 내려오며 木운동을 한다.

丙火는 안에서 밖으로 나오면서 더 확산 더 상승 운동을 하고, 丁火는 밖에서 안으로 들어가면서 더 응축 더 하강하는 운동을 한다. 丙火가 더 확산하면 丁火는 더 응축하고, 丙火가 더 상승하면 丁火는 더 하강한다.

戊土는 丙火의 더 확산 더 상승 운동을 멈추고 庚金의 응축 하강 운동을 돕는다. 己土는 丁火의 더 응축 더 하강 운동을 멈추고 辛金의 확산 상승 운동을 돕는다. 즉, 戊土는 더 확산 더 상승 운동을 응

축 하강 운동으로 전환하고, 己土는 더 응축 더 하강 운동을 확산 상
승 운동으로 전환한다. 戊土와 己土가 있어서 우주의 순환 반복운동
이 가능해진다.

庚金은 안에서 밖으로 나오면서 응축 하강 운동을 하고, 辛金은
밖에서 안으로 들어가면서 확산 상승 운동을 한다. 庚金이 나오면
辛金은 들어가고, 庚金이 응축 하강하면 辛金은 확산 상승한다.

壬水는 안에서 밖으로 나오면서 더 응축 더 하강 운동을 하고, 癸
水는 밖에서 안으로 들어가면서 더 확산 더 상승 운동을 한다. 壬水
가 나오면 癸水는 들어가고, 壬水가 더 응축 더 하강하면 癸水는 더
확산 더 상승한다.

천간의 속성	
甲木(辛金)	확산 상승
丙火 戊土(癸水)	더 확산 더 상승
庚金(乙木)	응축 하강
壬水(丁火 己土)	더 응축 더 하강

계절별
천간의 모습

나이스시주팔리 다시 쓰는 명리학

...종합편...

봄 寅卯辰

봄에는 木이 왕성하다. 이때 木은 甲木이다.

오행은 눈에 보이는 양간을 말한다. 양간은 안에서 밖으로 나오는 일을 담당하고, 음간은 밖에서 안으로 들어가는 일을 담당한다. 양간은 강해질수록 밖으로 드러나고, 음간은 강해질수록 안으로 들어간다. 안으로 들어가면 보이지 않게 된다. 보이는 것만 말하고 보이지 않는 것을 무시하면 안 된다. 보이지 않는 음도 자연의 절반을 차지하고 있다.

봄철 寅卯辰에서 甲木은 록·왕·쇠이다. 甲木이 밖에서 성장하면 안에서 辛金도 함께 성장한다. 손바닥과 손등처럼 甲木과 辛金은 내외에서 함께 활동한다. 봄철 寅卯辰에 밖에서는 甲木이, 안에서는 辛金이 확산 상승 운동을 한다.

봄철 寅卯辰에서는 甲木과 辛金이 록·왕·쇠로 확산 상승을 주도한다. 이 시기에 丙火(戊土)와 癸水는 생·욕·대로 출근한다. 丙火(戊土)와 癸水는 단짝으로 동전의 앞뒷면과 같다. 丙火(戊土)는 양간이므로 밖으로 출근한다면, 癸水는 음간이므로 안으로 출근한다. 음간은 음간끼리 어울리고, 양간은 양간끼리 어울린다. 유유상종이다. 甲木이 丙火를 보거나, 辛金이 癸水를 보면 능력 있는 형을 만난 것과 같다.

봄철 甲木과 辛金이 록·왕·쇠로 활동할 때 丙火(戊土)와 癸水의 힘이 무척 강하다면 甲木과 辛金이 丙火(戊土) 그리고 癸水를 쫓아가기 힘들다. 이런 경우에는 壬水와 丁火(己土)가 조절해주면 좋다. 이렇게 그때그때 글자끼리 상황을 보면서 힘을 조절해야지 글자 자체만 가지고 좋다거나 나쁘다고 말하면 안 된다.

봄철 寅卯辰에서는 甲木과 辛金이 주도권을 잡으니 반대편에 있는 庚金과 乙木이 절·태·양이다. 왕·상·휴·수의 수(囚)이다. 양이 활동하면 음이 쉬고, 음이 활동하면 양이 쉰다. 절·태·양은 찾는 사람도 없고 할 일이 없어서 여유가 있는 시기이다. 록·왕·쇠에서 가장 바쁘고, 절·태·양에서 가장 한가하다.

여름 巳午未

여름철 巳午未에서는 丙火와 癸水가 주도권을 잡고 나머지 천간을 이끈다. 火土동법에 의해 丙火와 戊土는 巳午未에서 록·왕·쇠이다. 록·왕·쇠는 왕·상·휴·수의 왕(旺)에 해당한다.

여름철 巳午未에서 밖에서는 丙火(戊土)가 활약한다면 안에서는 癸水가 활약한다. 丙火(戊土)와 癸水는 동전의 앞뒷면처럼 짝을 이루어 함께 움직인다. 癸水의 활약은 음간이므로 밖에서 보이지 않는 경우가 많다. 보이지 않는다고 없는 것은 아니다. 여름철 습도가 높고 땀이 나는 것은 癸水 때문이다. 여름철 나뭇잎이 시들지 않고 푸르른 것은 癸水 때문이다.

여름철 巳午未에서는 봄철에 활약했던 甲木과 辛金은 丙火(戊土)와 癸水에게 자리를 물려주고 병·사·묘가 되어 일을 마무리한다. 병·사·묘에서는 일이 점점 줄어드는 시기이니 이때 확장이나 시작을 하면 안 된다. 甲木은 양간이기 때문에 보이지만 辛金은 음간이니 눈에 보이지 않는다. 보이지 않는 음을 잘 실펴야 한다.

　여름철 巳午未에서 庚金과 乙木은 생·욕·대로 응축 하강을 시작한다. 생·욕·대는 출근과 같아서 일이 점차 많아진다. 庚金은 밖으로 나가며 응축 하강을 시작하고 乙木은 안으로 들어가며 응축 하강을 시작한다. 庚金과 乙木으로 인해 丙火(戊土)와 癸水의 더 확산 더 상승 운동은 억제되고 응축 하강하는 가을로 넘어간다.

▶火土동법 : 천간은 오행 운동을 하고 지지는 사계절 운동을 한다. 이 차이 때문에 천간과 지지를 함께 이을 때는 火와 土를 묶어서 사용한다. 火土동법에 의해 丙火와 戊土가 12운성을 같이 쓰고, 丁火와 己土가 12운성을 같이 쓰고 있지만 丙火와 戊土 그리고 丁火와 己土가 같을 리가 없다. 丙火가 더 확산 더 상승 운동을 한다면 戊土는 더 확산 더 상승하는 丙火의 속도를 줄여 멈추게 한 후 응축 하강하는 庚金을 돕는다. 丁火가 더 응축 더 하강 운동을 한다면 己土는 더 응축 더 하강 운동하는 丁火를 멈추게 하고 확산 상승하는 辛金을 돕는다.

여름철 巳午未에서는 丙火(戊土)와 癸水가 활약을 하니 반대편의 壬水와 丁火(己土)는 절·태·양이다. 壬水와 丁火(己土)는 겨울철에 록·왕·쇠로 주도권을 잡는다. 절·태·양에서는 일이 가장 없어서 한가하게 휴식하며 충전하면 좋다. 이 시기에는 감투를 쓴다든지, 출마 또는 개업, 확장 등은 좋지 않다.

가을 申酉戌

가을철 **申酉戌**에서는 庚金과 乙木이 록·왕·쇠로 왕성하게 활동
한다. 庚金이 밖으로 나가면서 활동한다면 乙木은 안에서 활약한다.
申酉戌에서 표면이 거칠어지는 것은 庚金 때문이고, 속이 부드러워지
는 것은 乙木 때문이다. 겉은 단단하게 보이지만 속은 텅 비어 있는
경우가 많다. 골다공증과 같다.

가을철 **申酉戌**에서는 壬水와 丁火(己土)는 생·욕·대가 되어 출근
한다. 壬水와 丁火(己土)가 일을 하기 시작하니 응축 하강 운동은 더욱
가속된다. 壬水는 양간이기 때문에 밖으로 나오면서 활동하고, 丁火
(己土)는 안으로 들어가면서 활동한다. 보이는 양은 누구나 알기 쉽

다. 보이지 않는 음을 알아야 고수가 된다. 가을철 밖에서는 壬水가 생·욕·대가 되니 응축 하강 운동이 점점 심해지고, 실내에는 丁火(己土)가 생·욕·대가 되니 촛불이나 난로가 등장하고, 己土로 인하여 방이 따뜻해진다.

　가을철 申酉戌에서 丙火(戊土)와 癸水는 병·사·묘가 된다. 병·사·묘는 일이 줄어드는 시기이니 丙火(戊土)의 더 확산 더 상승 운동은 점차 약해져 간다. 申酉戌에서는 확산 상승 운동은 약해지고 응축 하강 운동이 강해진다. 안에서 더 확산 더 상승 운동을 주도했던 癸水도 약해지고 응축 하강하는 乙木이 록·왕·쇠로 활동하니 대기는 건조해지기 시작한다. 잎이 말라가며 단풍이 드는 것도 癸水가 하강하기 때문이다. 피부가 건조해지는 것도 마찬가지이다. 자연은 이러한 과정을 거치면서 순환운동을 이어간다.

　가을철 申酉戌에서는 庚金과 乙木이 주도권을 잡으니 반대편의 甲木과 辛金은 절·태·양이 되어 휴식에 들어간다. 절·태·양은 잠을 자는 시기와 같다. 충전하는 시기이다. 자연의 법은 출근할 때 출근하고, 일할 때 일하고, 퇴근할 때 퇴근하고, 잠잘 때 잠자는 것이다. 자연의 법을 어길 때 삶은 꼬이고 건강을 잃고 사업이 내리막길을 가기 시작한다. 역천자(逆天者)는 망한다고 했다.

겨울 亥子丑

겨울철 亥子丑에서는 壬水와 丁火와 己土가 록·왕·쇠로 왕성하다. 이 시기에 癸水, 丙火, 戊土는 절·태·양이다. 亥子丑에서는 더 응축 더 하강 운동이 일어난다. 이 시기에는 밖에서 壬水가 왕성하다면 안에서는 丁火(己土)가 왕성하다. 火土동법에 의해 丁火와 己土는 12운성을 같이 쓰고 있지만 丁火와 己土가 같을 리가 없다. 己土는 더 응축 더 하강하는 丁火를 멈추게 하고 확산 상승하는 辛金을 돕는다.

안과 밖이 함께 짝을 이루어 운동하는 것이 자연의 법칙이다. 동전의 앞면과 뒷면, 손바닥과 손등이 따로 떨어질 수가 없다. 겨울철의 화로나 화롯불, 밤의 가로등, 등대, 달빛 등이 丁火(己土)에 해당한다.

겨울철 亥子丑에서 庚金과 乙木은 병·사·묘가 되어 서서히 물러난다. 가을철에 록·왕·쇠로 주도권을 잡았던 庚金과 乙木이 일을 마무리하는 시기이다. 물론 庚金은 양간이기에 밖에서 마무리하고, 음간인 乙木은 안에서 마무리한다.

겨울에 壬水와 丁火(己土)만 록·왕·쇠로 활동한다면 만물은 추위와 어둠 속에서 절망뿐인 상태가 된다. 이때 새로운 기운이 솟아나니 甲木과 辛金이다. 甲木과 辛金은 亥子丑에서 생·욕·대가 된다. 이때 甲木과 辛金을 얼지 않도록 보호하는 것이 丁火(己土)이다. 甲木은 양간이기 때문에 안에서 밖으로 나오고 음간인 辛金은 밖에서 안으로 들어간다. 甲木과 辛金이 활동을 시작하니 다시 확산 상승 운동이 일어나며 생명이 꿈틀거리기 시작한다.

겨울철 亥子丑은 壬水와 丁火(己土)의 시기이니 반대편에 있는 丙火(戊土)와 癸水는 절·태·양이다. 절·태·양은 충전하며 잠자는 시기와 같다. 丙火(戊土)는 양간이기 때문에 밖에서 잠을 자고, 癸水는 음간이니 안에서 잠을 잔다. 밖으로 나오면서 활동하는 양간들은 잘 알지만, 안으로 들어가면서 활동하는 음간들은 모르는 경우가 많다. 명리학을 공부하는 사람은 음과 양은 50 대 50이라는 생각을 가지고 항상 음과 양을 대등하게 여겨야 한다.

나이스지주맹크리 다시 쓰는 맹크학

월별
천간의 모습

나이스사주명리 다시 쓰는 명리학

...종합편...

寅월

寅									
천간	甲	乙	丙	丁	戊	己	庚	辛	壬	癸
12운성	건록 (建祿)	절 (絶)	장생 (長生)	병 (病)	장생 (長生)	병 (病)	절 (絶)	건록 (建祿)	병 (病)	장생 (長生)

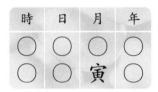

時	日	月	年
◯	◯	◯	◯
◯	◯	寅	◯

- 寅월은 甲木이 건록에 이르는 시기이다. 甲木으로 인해 寅卯辰을 木의 계절이라고 한다.

- 오행은 눈에 보이는 양간만을 말하고, 보이지 않는 음간은 무시한다. 辛金은 甲木과 짝을 이루어 寅에서 건록이다.

- 丙火와 戊土 그리고 癸水는 寅월에 장생이다. 장생은 막 태어난 아이와 같으니 아직은 어리다.

- 庚金과 乙木은 寅월에 절에 해당하니 보이지 않는 곳에서 조용히 지내면 좋다.

- 壬水와 丁火 그리고 己土는 寅에서 병에 해당한다. 병은 일을 마무리하고 퇴근하는 시기이다.

卯월

	卯									
천간	甲	乙	丙	丁	戊	己	庚	辛	壬	癸
12운성	제왕 (帝旺)	태 (胎)	목욕 (沐浴)	사 (死)	목욕 (沐浴)	사 (死)	태 (胎)	제왕 (帝旺)	사 (死)	목욕 (沐浴)

時	日	月	年
○	○	○	○
○	○	卯	○

- 卯월은 봄의 절정으로 甲木과 辛金이 제왕에 이른다. 甲木은 밖으로 나오며 활동하고 辛金은 안으로 들어가며 활동한다.

- 丙火와 戊土 그리고 癸水는 卯에서 목욕으로 성장하는 학생들과 같다. 목욕에서 독립은 아직 이르다.

- 庚金과 乙木은 卯에서 태가 된다. 태는 잠을 자듯이 조용히 생활하는 시기이다.

- 겨울에 활동했던 丁火와 己土 그리고 壬水는 卯월에는 퇴근한다. 사에 해당한다.

辰월

辰										
천간	甲	乙	丙	丁	戊	己	庚	辛	壬	癸
12운성	쇠 (衰)	양 (養)	관대 (冠帶)	묘 (墓)	관대 (冠帶)	묘 (墓)	양 (養)	쇠 (衰)	묘 (墓)	관대 (冠帶)

- 辰월은 봄에서 여름으로 넘어가는 환절기다. 환절기는 커브길과 같아서 록·왕이나 절·태같은 12운성은 없다. 辰戌丑未가 다 그렇다.

- 丙火와 戊土 그리고 癸水는 辰월에 관대이다. 丙火와 戊土는 양간이므로 밖으로 나오며 활동하고, 癸水는 음간이므로 안으로 들어가면서 활동한다.

- 辰월에 甲木과 辛金은 쇠에 해당한다. 쇠는 물러나는 시기이다.

- 乙木과 庚金은 辰월에 양이니 뱃속에서 자라는 아이와 같다.

- 辰월에 壬水와 丁火와 己土는 묘이다. 묘는 잠자기 위해 준비하는 시기이다.

巳월

천간	甲	乙	丙	丁	戊	己	庚	辛	壬	癸
					巳					
12운성	병(病)	장생(長生)	건록(建祿)	절(絶)	건록(建祿)	절(絶)	장생(長生)	병(病)	절(絶)	건록(建祿)

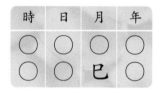

- 巳월은 여름이 시작되는 시기이니 더 확산 더 상승 운동이 일어난다. 丙火(戊土)와 癸水는 巳에서 건록이 되는데 丙火(戊土)는 밖으로 나오면서 활동하고 癸水는 안으로 들어가면서 활동한다.

- 乙木과 庚金은 巳에서 장생이다. 장생은 이제 출생한 아이와 같아 보호가 필요하다. 독립이 불가하니 지위 또는 규모가 작거나 낮다.

- 甲木과 辛金은 巳에서 병이다. 병에서는 퇴근하는 것처럼 일을 마무리하면 좋다.

- 겨울에 록·왕·쇠로 활동하는 壬水와 丁火와 己土는 巳에서 절에 해당하니 조용히 지내면서 충전하면 좋다.

午월

午									
천간	甲	乙	丙	丁	戊	己	庚	辛	壬	癸
12운성	사 (死)	목욕 (沐浴)	제왕 (帝旺)	태 (胎)	제왕 (帝旺)	태 (胎)	목욕 (沐浴)	사 (死)	태 (胎)	제왕 (帝旺)

- 午월은 더 확산 더 상승 운동이 가장 왕성하다. 午월에 제철을 맞은 丙火와 戊土와 癸水는 제왕이다.

- 丙火와 戊土는 양간이기 때문에 밖으로 나오면서 활동하고 癸水는 음간이므로 안으로 들어가면서 활동한다.

- 午에서 일음(一陰)이 태동하는데 壬水와 丁火와 己土가 태에 해당한다. 乙木과 庚金은 午에서 목욕인데, 목욕에서는 투자만 있을 뿐 아직 수입은 생기지 않는다.

- 甲木과 辛金은 午에서 사이다. 사에서는 쇠나 병보다 더 느긋하게 살아가면 좋다. 명리학을 공부할 때는 글자에 집착하지 말고 글자가 나타내고자 하는 자연의 변화를 읽어야 한다.

未월

未									
천간	甲	乙	丙	丁	戊	己	庚	辛	壬	癸
12운성	묘 (墓)	관대 (冠帶)	쇠 (衰)	양 (養)	쇠 (衰)	양 (養)	관대 (冠帶)	묘 (墓)	양 (養)	쇠 (衰)

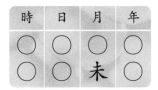

●未월은 여름에서 가을로 넘어가는 때이다. 乙木과 庚金은 未에서 관대로 응축 하강 운동이 힘을 얻어가는 때이다. 庚金은 양간이기 때문에 밖으로 나오면서 활동하고 乙木은 음간이니 안으로 들어가면서 활동한다. 庚金과 乙木이 힘을 얻으면 겉은 단단해지고 속은 부드러워진다.

●壬水와 丁火와 己土는 未에서 양에 속한다. 양은 뱃속의 아이와 같아 어린 시기이다. 어린 시기에는 남 밑에서 월급 받으며 생활하면 좋다.

●甲木과 辛金은 未에서 묘이다. 묘는 쇠·병·사보다 일이 더 없을 때이다. 글자의 속성을 지키면 무난하게 살고, 거역하면 힘들게 산다. 팔자 자체에 좋고 나쁨이 있는 것이 아니다.

申월

申									
천간	甲	乙	丙	丁	戊	己	庚	辛	壬	癸
12운성	절 (絕)	건록 (建祿)	병 (病)	장생 (長生)	병 (病)	장생 (長生)	건록 (建祿)	절 (絕)	장생 (長生)	병 (病)

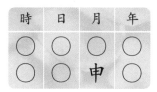

時	日	月	年
○	○	○	○
○	○	申	○

● 申월에는 응축 하강 운동이 본격적으로 시작된다. 申월에 庚金과
乙木이 건록에 이른다. 庚金은 양간이니 밖으로 나오면서 활동하고
乙木은 음간이니 안으로 들어가며 활동한다.

● 壬水와 丁火와 己土는 申에서 장생이다. 장생은 새로 태어난 어린아
이와 같은 시기이니 독립은 안 된다. 양간인 壬水는 밖으로 나오면
서 활동하고, 丁火와 己土는 음간이니 안으로 들어가면서 활동한다.

● 丙火(戊土)와 癸水는 申에서 병으로 더 확산 더 상승 운동이 약해지
기 시작한다. 일을 줄여가야 할 때이다.

● 申월에 甲木과 辛金은 절이다. 절에서는 잠을 자듯이 조용히 지내야
한다. 확장, 개업, 출마 등은 하지 않는 것이 좋다.

酉월

酉									
천간	甲	乙	丙	丁	戊	己	庚	辛	壬	癸
12운성	태 (胎)	제왕 (帝旺)	사 (死)	목욕 (沐浴)	사 (死)	목욕 (沐浴)	제왕 (帝旺)	태 (胎)	목욕 (沐浴)	사 (死)

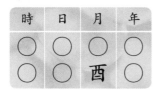

時	日	月	年
◯	◯	◯	◯
◯	◯	酉	◯

● 酉월은 응축 하강하는 庚金과 乙木이 제왕이다. 가을은 庚金의 계절이지 辛金의 계절이 아니다. 庚金의 안에서는 乙木이 함께 짝을 이루어 활동한다.

● 여름에 더 확산 더 상승 운동을 주도했던 丙火와 戊土 그리고 癸水는 酉월에 사가 되어 물러난다. 가을 다음에는 겨울이 온다. 겨울에 주도권을 갖고 활동하는 壬水와 丁火 그리고 己土는 酉월에 목욕이다. 일하기 위해 배우고 익히는 때가 목욕이다.

● 봄철에 활약하는 甲木과 辛金은 반대편 계절 酉에서는 태가 된다. 자연은 반대편 계절에서 태동한다. 甲木(辛金)은 酉, 丙火·戊土(癸水)는 子에서 태동한다. 庚金(乙木)은 卯, 壬水(丁火)는 午에서 태동한다.

戌월

천간	甲	乙	丙	丁	戊	己	庚	辛	壬	癸
					戌					
12운성	양 (養)	쇠 (衰)	묘 (墓)	관대 (冠帶)	묘 (墓)	관대 (冠帶)	쇠 (衰)	양 (養)	관대 (冠帶)	묘 (墓)

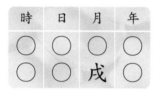

- 戌월은 가을에서 겨울로 넘어가는 시기이다. 辰戌丑未는 변화의 시기이다. 辰戌丑未에서는 12운성이 양이나 관대 그리고 쇠·묘로 되어 있다. 辰戌丑未에는 록·왕이나 절·태에 해당하는 12운성은 없다.
- 甲木과 辛金은 戌에서 양이다. 양은 뱃속에서 자라는 시기이다.
- 가을에 응축 하강 운동을 주도했던 乙木과 庚金은 戌에서 쇠가 되어 은퇴한다.
- 여름에 더 확산 더 상승 운동을 주도했던 丙火와 戊土 그리고 癸水는 戌에서 묘가 된다.
- 겨울에 주도권을 갖고 더 응축 더 하강 운동하는 壬水와 丁火, 己土는 戌에서 관대가 된다.

亥월

亥									
천간	甲	乙	丙	丁	戊	己	庚	辛	壬	癸
12운성	장생 (長生)	병 (病)	절 (絕)	건록 (建祿)	절 (絕)	건록 (建祿)	병 (病)	장생 (長生)	건록 (建祿)	절 (絕)

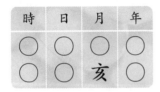

時	日	月	年
○	○	○	○
○	○	亥	○

- 亥월은 겨울이 시작되는 시기로 더 응축 더 하강 운동이 활발하다. 壬水와 丁火와 己土가 건록이다.

- 겨울의 반대편 계절 여름에 활약하는 丙火와 戊土 그리고 癸水는 亥월에 절이다.

- 亥월에는 가을에 활약했던 庚金과 乙木은 병이 되고, 봄에 활약하는 甲木과 辛金은 장생이다.

- 천간을 설명할 때는 오행을 기준으로 하면 안 된다. 오행은 눈에 보이는 양간만을 다루고 있다. 보이지 않는 음간도 잘 보아야 음양을 이해했다고 할 수 있다.

子월

子									
천간	甲	乙	丙	丁	戊	己	庚	辛	壬	癸
12운성	목욕 (沐浴)	사 (死)	태 (胎)	제왕 (帝旺)	태 (胎)	제왕 (帝旺)	사 (死)	목욕 (沐浴)	제왕 (帝旺)	태 (胎)

- 子월에는 더 응축 더 하강 운동이 절정이다. 이 시기를 주도하는 것은 壬水와 丁火와 己土이다. 壬水와 丁火와 己土가 子에서 제왕이다. 壬水가 밖으로 나오면서 활동한다면 丁火와 己土는 안으로 들어가면서 활동한다.

- 子월에 甲木과 辛金은 목욕으로 확산 상승 운동을 키워가고 있다.

- 申酉戌에서 록·왕·쇠로 활동했던 庚金과 乙木은 사가 된다.

- 巳午未에서 록·왕·쇠로 활동했던 丙火와 戊土 그리고 癸水는 子월에 태가 된다.

丑월

丑									
천간	甲	乙	丙	丁	戊	己	庚	辛	壬	癸
12운성	관대 (冠帶)	묘 (墓)	양 (養)	쇠 (衰)	양 (養)	쇠 (衰)	묘 (墓)	관대 (冠帶)	쇠 (衰)	양 (養)

時	日	月	年
○	○	○	○
○	○	丑	○

● 丑월은 겨울에서 봄으로 넘어가는 환절기이다. 변화의 시기이다. 더 응축 더 하강으로 움츠렸던 만물은 이제 다시 봄을 맞아 확산 상승 운동을 한다. 甲木과 辛金이 관대로 세상 밖으로 나서기 때문이다.

● 여름 巳午未에서 주도권을 잡는 丙火와 戊土 그리고 癸水는 丑에서 양이다.

● 庚金과 乙木은 丑에서 묘가 된다. 묘는 잠을 준비하며 꿈을 꾸는 시기로 죽음, 종교, 천문, 인생, 우주 등에 관심을 보인다. 지지마다 모든 천간이 각기 다른 모습으로 존재하는데 그것을 표시하여 주는 것이 12운성이다.

천간별
12운성

나이스시주명리 명리학

다시 쓰는 명리학

...종합편...

甲木 정리

봄철 甲木

寅월 甲木

- 일간 甲木은 밖으로 나오면서 확산 상승하는 속성이 있다.

- 寅월에는 甲木과 辛金이 건록이다.

- 甲木과 辛金 중 천간에 투한 글자를 격으로 잡는다.

- 격은 팔자에서 가장 강한 세력이다.

- 보통 건록과 제왕에 이른 글자를 격으로 잡는다.

- 寅월 甲木은 12운성 건록이다.

- 건록격이다.

- 건록은 왕성하게 활동하는 시기로 제왕에 오르기 직전이다.

- 제왕은 정상에 올라서 이제 내려갈 일밖에 없다.

● 비견이 있으면 경쟁심이 커진다.

● 혼자 달리는 것보다 비견과 달리면 경쟁심이 생긴다.

● 그래서 모든 교육이나 훈련은 비견들과 함께 실시한다.

● 월간 비견 甲木도 월지 寅에서 건록이다.

● 건록이나 제왕은 가장 바쁘게 일하는 시기이다.

● 바쁘고 인기가 있는 것이 좋다는 의미만은 아니다.

● 모든 일에는 음양이 있다.

● 비견은 겁재와 달리 나와의 싸움이다.

● 겁재는 권투처럼 상대방과의 싸움이다.

● 년간 정관 辛金은 안으로 들어가며 확산 상승하는 속성이 있다.

● 각 천간의 속성을 아는 것이 중요하다.

● 년간 정관 辛金은 월지 寅에서 건록이다.

● 庚金과 辛金의 차이를 알아야 한다.

● 庚金은 申酉戌에서 록·왕·쇠이고, 辛金은 寅卯辰에서 록·왕·쇠

이다.

- 甲木은 양간이기 때문에 안에서 밖으로 나오는 운동을 한다.

- 辛金은 음간이니 밖에서 안으로 들어가는 운동을 한다.

- 안으로 들어가면서 활동하는 음간은 보이지 않는다.

- 보이지 않는 음간을 모르는 경우가 많다.

- 음을 무시하는 반쪽짜리 명리(命理)에서 벗어나야 한다.

卯월 甲木

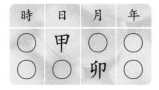

- 卯월에는 甲木과 辛金이 제왕이다.

- 甲木과 辛金 중 천간에 투한 글자를 격으로 잡는다.

- 卯월 甲木은 오로지 앞만 보고 확산 상승한다.

- 卯월 甲木은 힘이 너무 강하여 양인격이라고 한다.

- 午월 丙火, 午월 戊土, 酉월 庚金, 子월 壬水도 양인격이다.

- 양인격도 글자의 속성에 따라 다른 현상으로 나타난다.

- 제왕에서는 더 올라갈 곳이 없으니 내려와야 한다.

- 정상에 오르면 내려가는 일밖에 없다.

時	日	月	年
○	甲	乙	○
○	○	卯	○

●월간 乙木 겁재는 卯월에 12운성 태이다.

●봄철에 乙木이 강하다고 하면 안 된다.

●봄철 寅卯辰에서는 甲木이 록·왕·쇠이고, 乙木은 절·태·양이다.

●乙木 겁재는 잉태한 상태이다.

●겁재라고 무조건 무서워할 필요가 없다.

●乙木 겁재가 록·왕·쇠인 申酉戌에서는 甲木이 조심해야 한다.

●甲木은 申酉戌에서 절·태·양이다.

時	日	月	年
○	甲	辛	○
○	○	卯	○

●월간 정관 辛金은 월지 卯에서 제왕이다.

●일간 甲木과 辛金 정관이 무척 강하다.

●정관이 제왕이니 정관격이다.

●격은 팔자에서 가장 강한 세력을 말한다.

●辛金은 음간이므로 정관을 정신적으로 사용하면 좋다.

●辛金과 甲木은 손바닥과 손등의 관계이다.

●함께 일하고 함께 퇴근한다.

● '안이 없는 밖' 이나 '밖이 없는 안' 은 있을 수 없다.

辰월 甲木

●辰월은 봄에서 여름으로 넘어가는 시기이다.

●확산 상승하는 운동이 더욱 활발하게 일어난다.

●辰월의 甲木은 12운성 쇠이다.

●쇠는 정상에서 막 물러난 시기이다.

●은퇴한 사람과 같다.

●기존의 일을 마무리하며 새로운 일을 준비해야 한다.

●은퇴한 후에는 일을 줄여가는 것이 좋다.

●쇠보다는 병이나 사가 더 한가한 시기이다.

●월간 편재 戊土는 丙火의 더 확산 더 상승 운동을 멈추게 하고, 응축

하강 운동하는 庚金을 돕는다.

●편재 戊土는 월지 辰에서 12운성 관대이다.

●관대는 취직, 입학, 입대처럼 새로운 환경으로 들어가는 시기이다.

●새로운 환경에 적응하는 일은 쉬운 일이 아니다.

●힘들어도 건록, 제왕으로 가기 위해서는 반드시 지나야 할 단계이다.

●편재는 정재보다 재의 굴곡이 심하다.

●반면에 정재는 안정감이 있고 꾸준하다.

●월간 壬水는 양간으로 밖으로 나오며 더 응축 더 하강하는 속성이 있다.

●壬水는 월지 辰에서 12운성 묘이다.

●쇠·병·사·묘에서는 퇴근 준비를 하는 시기이다.

●일을 점차 줄여가며 마무리해야 한다.

●편인은 독특한 생각을 한다.

●편인은 발명가적 기질이다.

●대체 의학이나 틈새시장, 기발한 아이디어 등이 편인이다.

●주역이나 명리학도 편인 학문에 속한다.

●다양한 기술 분야도 편인이다.

여름철 甲木

巳월 甲木

- 巳월에는 丙火와 戊土 그리고 癸水가 건록이다.

- 丙火와 戊土, 癸水 중 천간에 투한 글자를 격으로 잡는다.

- 巳월의 甲木은 12운성 병이다.

- 병은 은퇴한 후 새로운 일을 시작하는 시기이다.

- 일간 甲木은 새로운 일을 찾아야 한다.

- 병이나 사에서는 일을 줄여가야 한다.

- 지킬 것을 지키면서 살면 큰 문제가 없다.

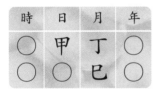

- 월간 상관 丁火는 월지 巳에서 절이다.

- 丁火는 안으로 들어가며 더 응축 더 하강하는 속성이 있다.

- 상관 丁火를 더 응축 더 하강하는 모습처럼 사용해야 한다.

●만약 확산 상승하는 일을 한다면 실패하기 쉽다.

●실패가 팔자 자체에 있는 것이 아니다.

●글자의 속성을 지키지 않았을 때 실패 확률이 높아진다.

●여름을 火의 시기라고 하면 안 된다.

●丙火와 丁火는 정반대로 운동하므로 구분해야 한다.

●12운성 절은 침실에서 이불을 덮고 잠을 자는 시기이다.

●외부와의 단절을 의미한다.

●그러한 모습을 유지하면 실패는 없다.

●월간 癸水는 안으로 들어가며 더 확산 더 상승하는 속성이 있다.

●癸水는 월지 巳에서 건록이다.

●월간 癸水는 정인이다.

●정인격(인수격)이다.

●정인을 안에서 확산 상승하는 모습으로 써야 한다.

●실내에서 하는 일은 주로 두뇌를 쓰는 일이다.

●이름이 알려지기를 좋아하는 것도 확산 상승의 속성이다.

午월 甲木

●午월에는 丙火와 戊土 그리고 癸水가 제왕이다.

●丙火와 戊土, 癸水 중 천간에 투출한 글자를 격으로 잡는다.

●午월은 丙火의 계절일까, 丁火의 계절일까?

●午월에 丙火는 제왕이고, 丁火는 태이다.

●巳午未에서는 丙火가 록·왕·쇠이다.

●亥子丑에서는 丁火가 록·왕·쇠이다.

●巳午未는 태양의 계절이고, 亥子丑은 촛불, 달빛, 난로의 계절이다.

●丙火와 丁火의 차이를 아는 것이 우선이다.

●오행이 아닌 천간과 지지 중심으로 공부를 해야 한다.

●월간 丙火 식신은 월지 午에서 12운성 제왕이다.

●식신격이다.

●식신격이라도 다양한 모습으로 나타난다.

●천간의 속성에 따라 다르다.

●午월의 丙火는 밖으로 나오며 더 확산 더 상승하는 속성이 있다.

●확산 상승하면 겉은 화려하나 실속이 없다.

●응축 하강하면 겉은 볼품없으나 실속이 있다.

●월간 편재 戊土는 월지 午에서 제왕이다.

●편재격이다.

●丙火와 戊土는 火土동법으로 같은 12운성을 사용한다.

●그러나 丙火와 戊土가 같을 리가 없다.

●戊土는 丙火의 더 확산 더 상승 운동을 멈추게 하고, 응축 하강 운동
하는 庚金을 돕는다.

●午월에는 丙火 식신과 戊土 편재 그리고 정인 癸水가 제왕이다.

未월 甲木

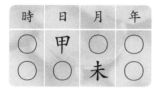

- 未월은 여름에서 가을로 접어드는 시기이다.

- 甲木은 未에서 12운성 묘이다.

- 乙木은 未에서 12운성 관대이다.

- 묘에서는 시간적 여유를 가지고 느긋하게 살면 좋다.

- 바쁘지 않으니 철학, 사상, 종교, 삶, 죽음, 우주 등에 관심이 많다.

- 성패가 팔자나 운에 있는 것이 아니다.

- 태어날 때 각자에게 주어진 자기만의 시간표를 지켜야 한다.

- 未월은 여름에서 가을로 접어드는 시기이다.

- 庚金이 관대로 응축 하강하는 기운이 점차 강해지는 때이다.

- 辛金은 월지 未에서 12운성 묘이다.

- 甲木과 辛金은 동전의 양면처럼 함께 움직인다.

- 같은 정관이라도 천간과 지지에 따라 다양하게 나타난다.

●辛金 정관은 안에서 확산 상승하는 정관이다.

●상관 丁火는 未에 통근해서 강할까?

●그렇다고 생각하면 丙火와 丁火를 구분하지 못한 것이다.

●지장간은 모르는 것이 좋고, 안다면 하루빨리 잊는 것이 좋다.

●丁火는 未에서 12운성 양이다.

●양은 뱃속에 있는 시기이다.

●뱃속의 아이를 강하다고 하면 안 된다.

●양의 시기에는 윗사람의 철저한 보호를 받아야 한다.

●직위가 낮다는 뜻이다.

●丁火는 안으로 들어가며 더 응축 더 하강하는 속성이 있다.

●丁火는 여름 巳午未보다는 겨울 亥子丑에서 더 많은 능력을 발휘
  한다.

가을철 甲木

申월 甲木

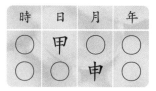

● 申월에는 庚金과 乙木이 건록이다.

● 庚金과 乙木 중에서 천간에 투한 글자를 격으로 잡는다.

● 일간 甲木은 밖으로 나오면서 확산 상승하는 속성이 있다.

● 甲木은 월지 申에서 12운성 절이다.

● 절은 단절되어서 눈에 보이지 않는다는 의미이다.

● 절은 시골, 바닷가, 산속, 변두리, 뒷골목, 독서실 등이다.

● 해외나 승진의 의미도 있다.

● 승진하면 점점 보이지 않는 곳으로 들어가게 된다.

● 드러나서 활동하면 감옥이나 병원 또는 묘지로 갈 수도 있다.

● 쇠-병-사-묘-절로 갈수록 한가하고 여유가 있다.

● 지위가 높아질수록, 속세와 단절될수록 시간적 여유가 많다.

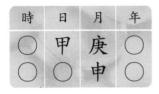

- 월간 편관 庚金은 밖으로 나오며 응축 하강하는 속성이 있다.

- 편관 庚金은 월지 申에서 건록이다.

- 편관이 건록이니 편관격이다.

- 큰 조직의 일원으로 생활하면 좋다.

- 큰 조직에서는 나에게 지시하는 사람이 많아진다.

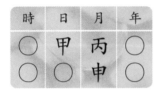

- 월간 丙火는 밖으로 나오며 더 확산 더 상승하는 속성이 있다.

- 丙火는 드러나서 활동하니 누구나 알 수 있다.

- 월간 丙火 식신은 월지 申에서 12운성 병이다.

- 12운성 병은 은퇴 후 약간의 시간이 지난 때이다.

- 은퇴 후에는 일을 줄여가는 것이 좋다.

- 팔자에 있는 글자의 속성과 운의 흐름을 따르면 탈이 없다.

酉월 甲木

- ●酉월에는 庚金과 乙木이 제왕이다.

- ●庚金과 乙木 중에서 천간에 투한 글자를 격으로 잡는다.

- ●甲木은 밖으로 나오면서 확산 상승하는 속성이 있다.

- ●酉월은 庚金과 乙木이 제왕이니 응축 하강이 심한 시기이다.

- ●일간 甲木은 월지 酉에서 12운성 태이다.

- ●甲木은 이제 막 잉태하여 무기력하다.

- ●내 의지보다는 윗사람의 지시에 순종하는 것이 현명하다.

- ●지지 현실을 보면서 자기의 위치를 파악해야 한다.

- ●천간과 지지의 관계를 다루는 것이 12운성이다.

- ●월간 상관 丁火는 안으로 들어가며 더 응축 더 하강하는 속성이 있다.

- ●丁火는 힘이 강해질수록 안으로 깊이 들어간다.

- ●응축 하강이 심해지면 볼품이 없어진다.

- 丁火는 어둡고 추운 음지에서 할 일이 많아진다.
- 할 일이 많다는 것은 찾는 사람이 많아진다는 뜻이다.
- 월간 丁火는 월지 酉에서 목욕이다.
- 목욕은 성장하며 배우고 익히는 때이다.
- 아직 독립하기에는 이르다.
- 급하다고 단계를 건너뛰면 안 된다.

- 월간 정인 癸水는 안으로 들어가며 더 확산 더 상승하는 속성이 있다.
- 癸水는 월지 酉에서 12운성 사이다.
- 12운성 사에서는 일을 줄이며 마무리해야 한다.
- 쇠 · 병 · 사 등 글자 자체에 집착하면 안 된다.
- 글자가 의미하는 자연의 변화를 생각해야 한다.
- 정인에는 편안함과 따뜻함과 포근함이 있다.
- 명예, 문서, 학문 등에 안정감이 있다.
- 편인은 정인에 비해 안정감이 덜하다.

戌월 甲木

● 甲木은 월지 戌에서 양이다.

● 양은 잉태 후 뱃속에서 길러지는 시기이다.

● 태보다는 성장했지만 장생(長生)보다는 어리다.

● 이런 방법으로 격의 고저를 구분한다.

● 양의 시기에는 철저한 보호를 받아야 한다.

● 아직은 어리기 때문이다.

● 임산부는 국가적으로 모두가 보호한다.

● 보호를 받는다는 의미는 계급이나 직급이 낮다는 것이다.

● 보이지 않는 곳에서 조금씩 성장하는 시기이다.

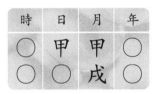

● 월간 비견 甲木도 월지 戌에서 12운성 양이다.

● 비견은 일간과 희로애락을 함께 하는 동료이다.

● 같은 교실에 있는 친구나 육상의 동료 선수와 같다.

●비견과 함께하면 나의 경쟁력이 길러진다.

●그래서 모든 교육이나 훈련은 비견들과 함께 실시한다.

●반면 겁재는 권투처럼 나와 승패를 가르는 동료이다.

●축구 등 구기 종목 상대방도 겁재이다.

●형제, 교실 친구, 직장 동료도 때로는 겁재로 변할 수 있다.

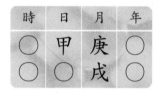

●월간 편관 庚金은 밖으로 나오며 응축 하강하는 속성이 있다.

●庚金은 월지 戌에서 12운성 쇠이다.

●쇠는 은퇴한 시기이지만 아직은 힘이 있다.

●고문이나 자문 역을 맡을 수 있다.

●쇠에서는 제2의 삶을 준비해야 한다.

●과거는 빨리 잊는 것이 좋다.

●편관이나 정관은 법과 질서를 잘 지킨다.

●편관은 정관보다 더 긴장감이 있고 위험도가 따른다.

●편관에는 제복을 입은 것처럼 단정함과 엄격함이 있다.

●십신이 직업을 말하는 것은 아니다.

●조직이 크면 열 개의 십신이 모두 있기 때문이다.

겨울철 甲木

亥월 甲木

● 亥월에는 壬水와 丁火 그리고 己土가 건록이다.

● 壬水와 丁火, 己土 중에서 천간에 투한 글자를 격으로 잡는다.

● 甲木은 밖으로 나오면서 확산 상승하는 속성이 있다.

● 亥월 甲木은 장생으로, 어린아이와 같은 시기이다.

● 어린아이는 부모나 어른의 도움을 받아야 한다.

● 독립이 힘든 시기이다.

● 亥 중 甲木에 통근했으니 강하다고 하면 안 된다.

● 지장간은 빨리 잊는 것이 좋다.

● 亥子丑 겨울에는 壬水가 록·왕·쇠로 강하다.

● 壬水가 더 응축하면, 癸水가 더 확산한다.

●壬水가 더 하강하면, 癸水가 더 상승한다.

●壬水가 활동하면, 癸水는 휴식한다.

●양간인 壬水가 록·왕·쇠이면, 음간인 癸水는 절·태·양이다.

●癸水와 壬水를 구분하지 못하고 水라고 하면 안 된다.

●정인 癸水는 월지 亥에서 절이다.

●절의 시기에는 보이지 않는 곳에 있으면 좋다.

●확장, 개업, 출마 등 드러나는 일을 하면 안 된다.

●丁火는 안으로 들어가며 더 응축 더 하강하는 속성이 있다.

●丙火와 丁火를 구분해야 한다.

●여름은 火의 계절이 아니고 丙火의 계절이다.

●상관 丁火는 월지 亥에서 건록이다.

●상관격이다.

●亥월은 어둡고 추운 공간이다.

●록·왕·쇠에서 할 일이 많으니 몹시 바쁘다.

●丙火는 여름철 巳午未에서 록·왕·쇠이다.

●丁火는 겨울철 亥子丑에서 록·왕·쇠이다.

子월 甲木

● 子월에는 壬水와 丁火 그리고 己土가 제왕이다.

● 壬水와 丁火, 己土 중에서 천간에 투한 글자를 격으로 잡는다.

● 甲木은 밖으로 나오며 확산 상승하는 속성이 있다.

● 甲木은 子에서 목욕이다.

● 12운성 목욕은 독립하기 위해 배우는 시기이다.

● 취업을 앞둔 청소년 시기와 같다.

● 아직은 윗사람의 보호가 필요한 시기이다.

● 사업을 해도 독자적인 브랜드는 불가하고 프랜차이즈 등이 좋다.

● 십신은 사주 풀이를 할 때 사용된다.

● 십신보다 음양과 천간 지지 공부가 먼저 되어야 한다.

● 월간 편재 戊土는 丙火의 더 확산 더 상승 운동을 멈추게 하고, 응축
 하강 운동하는 庚金을 돕는다.

- 戊土는 월지 子에서 12운성 태이다.

- 태는 잉태된 시기이니 이불 속에서 잠을 자는 모습과 같다.

- 태의 시기에는 보이지 않게 조용히 지내면 좋다.

- 지지 현실에 따라서 천간의 모습은 항상 바뀐다.

- 사주팔자는 운의 흐름에 따라 계속 변한다.

- 벚나무의 모습이 계절에 따라 바뀌는 것과 같다.

- 사주팔자를 변하게 하는 것은 운이다.

- 子월은 자정이나 동지와 같아 어둡고 춥다.

- 戊土는 子에서 바닥을 쳤으니 때를 기다려야 한다.

- 월간 편인 壬水는 월지에서 제왕이다.

- 壬水는 밖으로 나오며 더 응축 더 하강하는 속성이 있다.

- 편인격이다.

- 제왕이니 모두 크고 화려하다고 생각하면 안 된다.

- 응축 하강이 심해지면 어둡고 추워진다.

- 응축 하강의 시기에는 일을 줄이고 실속을 추구해야 한다.

- 팔자에 주어진 글자의 속성을 지키면 탈이 없다.

- 새로운 것을 창조하는 능력은 편인이다.

●편인은 새로운 생각을 해내는 발명가 기질이 있다.

丑월 甲木

●丑월은 겨울에서 봄으로 넘어가는 시기이다.

●丑에서 응축 하강하는 기운이 확산 상승으로 바뀌게 된다.

●丑월 甲木은 12운성 관대이다.

●관대는 공부를 마치고 취직하여 독립해야 하는 변화의 시기이다.

●이제 혼자 살아가야 한다.

●많은 어려움과 시행착오가 따른다.

●음양이 공존하니 무조건 좋을 수는 없다.

●보는 시각에 따라 좋기도 하고 나쁘기도 하다.

●월간 정재 己土는 더 응축 더 하강하는 丁火의 운동을 억제하고,

확산 상승 운동하는 辛金을 돕는다.

● 戊土와 己土를 구분하지 못하고 그냥 土라고 하면 안 된다.

● 戊土가 정상에서 확산 상승을 응축 하강으로 방향을 바꾼다.

● 己土는 바닥에서 응축 하강을 확산 상승으로 방향을 바꾼다.

● 천간과 지지를 구분하지 못하면 오행으로 후퇴하게 되어 있다.

● 己土는 월지 丑에서 쇠이다.

● 쇠는 이제 막 은퇴한 시기이다.

● 은퇴한 후에는 시간적 여유를 즐겨야 한다.

● 己土는 음간이므로 밖에서는 보이지 않는다.

● 지킬 것을 지키면 탈이 없다.

● 월간 정인 癸水는 안으로 들어가며 더 확산 더 상승하는 속성이
  있다.

● 丑에서는 아직은 더 응축 더 하강하는 기운이 남아 있다.

● 정인 癸水는 월지 丑에서 12운성 양이다.

● 양은 뱃속에 있는 시기와 같아서 많은 보호가 필요하다.

● 보호가 필요하니 독립은 안 된다.

● 돌봄을 받는다는 것은 계급이나 직위가 낮다는 의미이다.

● 월급 받는 사람들이다.

● 계급이나 직위가 높은 것만이 좋은 것이 아니다.

● 팔자대로 살면 행복하고 마음이 편하다.

● 남과 비교하지 말아야 한다.

乙木 정리

봄철 乙木

寅월 乙木

時	日	月	年
○	乙	○	○
○	○	寅	○

- 寅월에는 甲木과 辛金이 건록이다.

- 甲木과 辛金 중에서 천간에 투한 글자를 격으로 잡는다.

- 일간 乙木은 안으로 들어가며 응축 하강하는 속성이 있다.

- 甲木과 乙木을 구분할 수 있어야 한다.

- 甲木이 상승하면, 乙木이 하강한다.

- 甲木이 확산하면, 乙木이 응축한다.

- 상승과 하강, 확산과 응축을 통해 음양 운동이 완성된다.

- 甲木은 봄철 寅卯辰에서 록·왕·쇠이다.

- 乙木은 가을철 申酉戌에서 록·왕·쇠이다.

- 일간 乙木은 寅월에 절이다.

- 12운성 절은 현실과 단절된 시기이다.

- 드러나는 일을 하지 말고 조용히 지내면 좋다.

- 산속, 해외, 독서실, 연구실, 기도 등이 절(絶)과 관련이 있다.

- 실험실, 여행, 섬, 망명, 귀양, 투옥, 투병 등도 절과 관련이 있다.

- 월간 정관 庚金은 밖으로 나가며 응축 하강하는 속성이 있다.

- 庚金은 寅에서 12운성 절이다.

- 乙木과 庚金은 손바닥과 손등처럼 음양의 짝이다.

- 庚金은 밖으로 나오면서 활동하고, 乙木은 안으로 들어가면서 활동한다.

- 정관이 법과 질서를 잘 지키는 것은 편관과 같다.

- 정관은 편관보다 긴장감, 살벌함, 단정함이 덜하다.

- 월간 정재 戊土는 丙火의 더 확산 더 상승 운동을 멈추게 하고, 응축 하강 운동하는 庚金을 돕는다.

●戊土는 월지 寅에서 장생이다.

●장생은 어린아이처럼 성장하고 있는 시기이다.

●정재라고 모두 같은 것이 아니다.

●천간의 속성에 따라 모두 다르다.

●팔자에 따라 생각과 환경이 다르므로 차이를 인정해야 한다.

卯월 乙木

●卯월에는 甲木과 辛金이 제왕이다.

●卯월의 乙木은 12운성 태이다.

●乙木은 안으로 들어가며 응축 하강하는 속성이 있다.

●음양은 시소의 양쪽처럼 반대로 운동한다.

●봄철에 솟아나는 모든 것들은 甲木이다.

●봄철 寅卯辰에서는 甲木이 록·왕·쇠이다.

●봄철 寅卯辰에서 乙木은 절·태·양이다.

●년간 甲木은 겁재이다.

●팔자에 겁재가 있으면 승부욕이 있다.

●이기고자 하는 욕심이 크다.

●乙木은 卯에서 태이고, 甲木은 卯에서 제왕이다.

●봄철은 乙木이 아닌 甲木이 활동하는 시기이다.

●乙木은 봄철 寅卯辰에서 절·태·양이다.

●甲木은 봄철 寅卯辰에서 록·왕·쇠이다.

●겁재라고 모두 나쁜 것은 아니다.

●운의 흐름을 보면서 겁재와 승부해야 한다.

●겁재와의 싸움은 음간과 양간의 싸움이다.

●자기에게 유리한 환경에서 싸우면 좋다.

●팔자 자체가 나쁘다는 것은 있을 수 없다.

●서로 다름만 있을 뿐이다.

●월간 癸水 편인은 월지 卯에서 목욕이다.

●목욕은 윗사람에게 배울 시기이다.

●독립을 준비하는 중·고등학생 시절과 같다.

●이 시기에 독립은 안 된다.

●癸水는 안으로 들어가며 더 확산 더 상승하는 속성이 있다.

●편인은 정인보다 학문, 문서, 명예 등에서 안정감이 없다.

●삶의 굴곡이 심한 것은 정(正)이 아니라 편(偏)이다.

●편(偏)이 있는 십신은 편재, 편관, 편인이 있다.

●월간 편관 辛金은 월지 卯에서 제왕이다.

●제왕은 가장 열심히 일해야 하는 시기이다.

●편관격(칠살격)이다.

●辛金은 안으로 들어가며 확산 상승하는 속성이 있다.

●辛金은 음간이므로 밖에서 안으로 들어가는 운동을 한다.

●안에서 하는 일은 주로 두뇌를 쓴다.

●봄철에 辛金은 록·왕·쇠로 전성기를 맞는다.

●일할 수 있을 때 일해야 한다.

●편관은 긴장감, 단정함, 절도가 있다.

辰월 乙木

- 일간 乙木은 월지 辰에서 12운성 양이다.

- 甲木이 辰에서 쇠이니, 乙木은 양이다.

- 양은 잉태 후 뱃속에서 자라는 시기이다.

- 부모의 돌봄이 필요할 때이다.

- 독립은 불가하니 격이 높다고 볼 수 없다.

- 乙木은 안으로 들어가며 응축 하강하는 속성이 있다.

- 음양은 서로 반대로 운동하며 생명력을 이어간다.

- 살아 있는 것들은 모두 음양 운동을 한다.

- 음양 운동은 나가면 들어오고, 들어오면 나가는 반복적인 행위이다.

- 일간 乙木과 월간 정관 庚金은 응축 하강하는 속성이 있다.

- 乙木과 庚金은 짝으로 함께 다닌다.

- 乙木은 음간이므로 밖에서 안으로 들어간다.

●庚金은 양간이므로 안에서 밖으로 나온다.

●정관 庚金은 월지 辰에서 12운성 양이다.

●정관과 편관은 법과 질서를 잘 지킨다.

●법과 질서를 잘 지키는 사람들은 어느 그룹에나 있다.

●공무원과 같은 조직에만 있는 것이 아니다.

●팔자로 직업을 맞출 수는 없다.

●어느 조직이나 집단이나 인원이 많으면 모든 십신이 존재한다.

●월간 정인 壬水는 밖으로 나오며 더 응축 더 하강하는 속성이 있다.

●壬水는 월지 辰에서 12운성 묘이다.

●묘에서는 일을 줄이고 여유롭게 살아가면 좋다.

●바쁘게 살거나 느긋하게 사는 차이도 팔자 탓이다.

●묘는 병이나 사보다 더 느긋하고 한가하다.

●한가할 때는 종교, 철학, 사상, 삶과 죽음 등에 관심이 많다.

●물론 12운성보다 천간과 지지의 속성이 우선이다.

●같은 12운성이라도 글자에 따라 다르게 사용해야 한다.

여름철 乙木

巳월 乙木

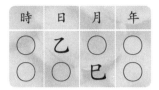

●巳월에는 丙火와 戊土 그리고 癸水가 건록이다.

●丙火와 戊土와 癸水 중 천간에 투한 글자를 격으로 잡는다.

●乙木은 안으로 들어가며 응축 하강하는 속성이 있다.

●乙木은 庚金과 짝을 이뤄 함께 다닌다.

●巳월 乙木은 장생이다.

●장생은 막 태어난 유아와 같다.

●독자적인 활동은 안 된다.

●乙木은 음간이므로 밖에서 안으로 들어가는 운동을 한다.

●음간이 록·왕·쇠가 되면 안으로 깊이 들어가니 보이지 않는다.

●보이지 않는 음을 잘 읽어야 음양을 아는 것이다.

●장생은 격이 양보다는 높고, 목욕보다는 낮다.

●12운성을 통해 격의 고저를 정확히 파악할 수 있다.

- 월간 癸水 편인은 월지 巳에서 건록이다.

- 편인격이다.

- 癸水는 안으로 들어가며 더 확산 더 상승하는 속성이 있다.

- 성패는 다른 곳에 있는 것이 아니다.

- 타고난 글자의 속성을 얼마나 잘 지키느냐에 있다.

- 편인 癸水가 건록이니 편인을 확산 상승으로 사용해야 한다.

- 글자의 속성에 따라 지킬 것을 지키면 탈이 없다.

- 여름철 癸水는 구름이나 수증기와 같다.

- 천간과 지지를 모르니 잡다한 형충파해나 신살 등이 생겨났다.

- 乙木과 庚金은 손바닥과 손등과 같다.

- 생사(生死)를 같이 한다.

- 정관 庚金은 월지 巳에서 장생이다.

- 장생은 아이와 같아 격이 높지는 않다.

- 고위직이 아니다.

●그릇의 크기는 태어날 때 정해져서 바뀌지 않는다.

●한번 해바라기로 태어나면 죽을 때까지 해바라기이다.

●단지 운에서 모습이 변할 뿐이다.

●천간은 추구하는 마음이나 생각이다.

●생각대로 세상 일이 되는 것은 아니다.

●지지 현실에 천간 생각을 맞추면 좋다.

●원국에서 그릇의 종류와 크기가 결정된다.

●운에서는 변해 가는 모습을 알 수 있다.

午월 乙木

●午월에는 丙火와 戊土 그리고 癸水가 제왕이다.

●丙火와 戊土, 癸水 중에서 천간에 투한 글자를 격으로 잡는다.

●午월 乙木은 12운성 목욕이다.

●12운성 목욕은 배우고 성장하는 청년 시기이다.

●독립하고 싶겠지만 아직은 시기상조이다.

●때를 기다려야 한다.

- 준비도 안 된 상태에서 세상에 나오면 안 된다.

- 乙木은 담쟁이가 아니고 담쟁이 같은 성질을 말한다.

- 담쟁이는 부드럽고 유연하며 친화력, 사교성이 좋다.

- 글자가 나타내고자 하는 자연의 변화를 잘 읽어야 한다.

- 손가락을 보지 말고 손가락이 가리키는 달을 보아야 한다.

- 월간 庚金 정관은 월지 午에서 목욕이다.

- 乙木과 庚金은 손바닥과 손등처럼 항상 함께 다닌다.

- 일간 乙木이나 정관 庚金 모두 목욕이니 커가는 학생과 같다.

- 배우고 익히는 단계이다.

- 기왕이면 큰 환경에서 그릇이 큰 사람에게 배우면 좋다.

- 자기 팔자의 그릇을 알아야 한다.

- 모든 그릇은 크기와 모양이 다르다.

- 팔자 그릇의 종류와 크기는 태어날 때 정해진다.

- 한번 채송화는 영원히 채송화이다.

- 아무리 노력해도 채송화는 해바라기가 될 수 없다.

- 다름을 인정하고 헛된 노력을 하지 말아야 한다.

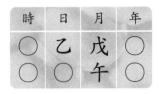

● 정재 戊土는 丙火의 더 확산 더 상승 운동을 멈추게 하고, 응축 하강
  운동하는 庚金을 돕는다.

● 월간 戊土 정재는 월지 午에서 제왕이다.

● 정재격이다.

● 격은 건록이나 제왕으로 잡는 것이 좋다.

● 관대나 쇠는 격이 약간 낮아진다.

● 정재 戊土를 더 확산 더 상승하는 일에 사용하면 좋다.

● 격이 높다고 좋다는 뜻은 아니다.

● 격이 높아지면 할 일이 많아져서 바쁘게 산다.

● 격의 고저와 상관없이 누구나 행복할 수 있다.

● 행복은 마음 편하게 사는 것이다.

● 팔자에 있는 글자의 속성을 지킬 때 마음이 편하다.

● 자기 기준으로 남을 평가하지 않아야 한다.

未월 乙木

- 未월은 여름에서 가을로 넘어가는 시기이다.

- 乙木은 안으로 들어가며 응축 하강하는 속성이 있다.

- 未월 乙木은 12운성 관대이다.

- 관대는 새로운 환경으로 새 출발을 하는 시기이다.

- 새로운 시작은 호기심과 두려움 그리고 어려움이 따른다.

- 음간은 강해질수록 안으로 깊이 들어간다.

- 안으로 들어가면 보이지 않는다.

- 보이지 않는 음을 잘 읽을 수 있어야 한다.

- 음과 양을 대등하게 취급해야 한다.

- 편재 己土는 더 응축 더 하강하는 丁火의 운동을 억제하고, 확산
  상승 운동하는 辛金을 돕는다.

- 己土는 월지 未에서 12운성 양이다.

●辰戌丑未를 같은 土로 보아서는 안 된다.

●오행으로 팔자를 보지 않아야 한다.

●편재 己土가 12운성 양이니 그릇이 크지 않다.

●타고난 그릇의 크기를 알아야 쓸데없는 헛수고를 줄일 수 있다.

●크든 작든 그릇마다 저마다의 역할이 있다.

●또한 각 그릇이 활동해야 할 시기가 있다.

●각자의 역할을 지키고 움직이는 시기를 맞추면 탈이 없다.

●잠잘 때 잠자고, 일할 때 일하면 된다.

●모두가 주인공이 되려고 하면 안 된다.

●일간과 월간 비견 乙木은 월지 未에서 관대이다.

●관대는 취업한 신입사원과 같다.

●비견이 있으면 경쟁력을 높일 수 있다.

●학생들이나 군인들이 함께 교육받는 이유이다.

●乙木은 안으로 들어가며 응축 하강하는 속성이 있다.

●응축 하강하면 외형은 화려하지 않으나 실속이 있다.

●응축 하강하는 글자는 외형보다는 실속에 관심이 많다.

●남에게 보이기 위해 일하는 것이 아니라 실속을 챙기려고 일한다.

時	日	月	年
○	乙	辛	○
○	○	未	○

● 편관 辛金은 안으로 들어가며 확산 상승하는 속성이 있다.

● 辛金은 월지 未에서 12운성 묘이다.

● 묘에서는 바쁜 삶보다는 여유로운 삶이 좋다.

● 운동선수보다는 코치나 감독이 덜 바쁘다.

● 편관은 군인·경찰과 같은 직업을 말하는 것이 아니다.

● 편관은 군인·경찰처럼 긴장감, 철저함, 단정함을 의미한다.

● 어느 직업이나 단체에는 편관의 기질을 가진 사람이 있다.

● 팔자로 직업을 알려고 하면 안 된다.

● 환경 때문에 팔자대로 살지 못한 사람도 많다.

● 하기 싫은 일을 하면서 사는 사람도 있다.

● 팔자와 운의 흐름을 따를 때 행복하다.

● 명리학은 행복을 추구하는 학문이다.

가을철 乙木

申월 乙木

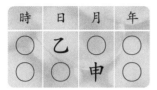

- 申월에는 庚金과 乙木이 건록이다.

- 庚金과 乙木 중에서 천간에 투한 글자를 격으로 잡는다.

- 乙木은 안으로 들어가며 응축 하강하는 속성이 있다.

- 申월 乙木은 건록이다.

- 乙木은 申酉戌에서 록·왕·쇠이다.

- 록·왕·쇠는 가장 인기가 있어서 정신없이 바쁜 시기이다.

- 甲木은 寅卯辰에서 록·왕·쇠이고, 乙木은 申酉戌에서 록·왕·쇠
  이다.

- 음간인 乙木이 건록, 제왕에 이르면 안으로 깊이 들어간다.

- 보이지 않는다고 없는 것이 아니다.

- 눈에 보이는 것만 다루는 것이 오행이다.

- 자연의 법에서는 음과 양은 대등하다.

- 일할 때 일하고 쉴 때 쉬어야 한다.

- 겁재 甲木은 申월에 12운성 절이다.

- 절은 독서실, 연구실, 사찰, 산속, 섬, 해외 등 보이지 않는 곳이다.

- 병원이나 감옥이나 땅속도 절이다.

- 절·태·양은 고위직 승진의 의미도 있다.

- 고위직으로 갈수록 보이지 않기 때문이다.

- 申에서 일간 乙木은 건록이고, 겁재 甲木은 절이다.

- 겁재와 싸울 때는 자기에게 유리한 환경에서 하면 좋다.

- 양간은 밖에서 유리하고, 음간은 안에서 유리하다.

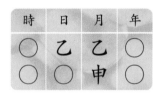

- 비견 乙木은 일간과 마찬가지로 申월에 건록이다.

- 비견격이다.

- 음간인 乙木이 건록이니 응축 하강이 강하게 일어난다.

- 건록이나 제왕이라고 모두 화려한 것이 아니다.

- 건록이나 제왕이라고 모두 크고 높은 것이 아니다.

- 천간과 지지 글자의 속성에 따라 다르다.

●비견은 나와 같은 방향으로 경쟁하는 동료이다.

●권투나 격투기 동료인 겁재와 구분해야 한다.

●비견은 자기와의 싸움이고, 겁재는 남과의 싸움이다.

●도박, 싸움, 축구 등은 겁재와의 싸움이다.

●酉월에는 庚金과 乙木이 제왕이다.

●庚金과 乙木 중에서 천간에 투한 글자를 격으로 잡는다.

●乙木은 안으로 들어가며 응축 하강하는 속성이 있다.

●음간인 乙木이 제왕이니 일간의 힘이 강하다.

●乙木은 힘이 강해질수록 응축 하강한다.

●응축 하강하면 작고 단단해진다.

●천간의 생각과 지지 현실과의 관계가 12운성이다.

●오행은 양간과 음간, 즉 음양을 구분하지 못한다.

●오행이 아닌 천간과 지지로 공부해야 한다.

●甲木이 상승하면, 乙木은 하강한다.

●甲木이 확산하면, 乙木은 응축한다.

●월간 癸水는 안으로 들어가며 더 확산 더 상승하는 속성이 있다.

●癸水는 월지 酉에서 12운성 사이다.

●12운성 쇠·병·사·묘는 퇴근하는 시기와 같다.

●이 시기에는 일을 줄여가야 한다.

●일을 줄이면서 마무리해야 한다.

●乙木은 응축 하강하지만, 癸水는 더 확산 더 상승한다.

●록·왕·쇠로 힘이 강해질수록 천간의 속성이 강하게 드러난다.

●식신 丁火는 월지 酉에서 목욕이다.

●丁火는 안으로 들어가며 더 응축 더 하강하는 속성이 있다.

●丙火와 丁火는 음양 관계로 반대로 운동한다.

●12운성 목욕의 반대쪽에는 사가 있다.

●목욕은 취업을 준비하는 단계이므로 아직 독립은 안 된다.

- ●아직 사회에 진출하지 않은 중·고등학생들과 같다.

- ●목욕 다음은 관대이다.

- ●관대에서 취직, 입학, 입대 등 변화가 일어난다.

- ●음간인 丁火는 힘이 강해지면 실내로 깊이 들어간다.

- ●丁火는 춥고 어두운 곳에서 활동한다.

- ●丁火는 촛불, 화롯불, 난로, 등대, 가로등으로 비유할 수 있다.

- ●어둡고 추운 곳에서 열심히 일하는 사람들이다.

戌월 乙木

- ●乙木은 월지 戌에서 12운성 쇠이다.

- ●쇠는 막 은퇴한 시기이다.

- ●12신살의 반안살과 같다.

- ●12운성과 12신살은 용어만 다를 뿐 같은 의미이다.

- ●용어가 나타내는 자연의 변화를 읽어야 한다.

- ●쇠에서 은퇴하면 일을 줄여가야 한다.

- 월간 庚金 정관은 응축 하강하는 속성이 있다.

- 乙木과 庚金은 손바닥과 손등처럼 음양 관계이다.

- 항상 함께 움직이며 생사고락(生死苦樂)을 함께한다.

- 둘은 떨어질 수 없다.

- 庚金은 양간이므로 밖으로 나가면서 활동한다.

- 乙木은 음간이므로 안으로 들어가면서 활동한다.

- 정관 庚金은 월지 戌에서 12운성 쇠이다.

- 은퇴하면 과거의 록·왕 생활에 미련을 가질 수 있다.

- 그러나 과거는 잊고 여유를 즐겨야 한다.

- 壬水는 밖으로 나가며 더 응축 더 하강하는 속성이 있다.

- 월간 정인 壬水는 월지 戌에서 관대이다.

- 관대는 배움을 끝내고 막 사회에 진출한 시기이다.

- 취직이나 합격했다고 목에 힘을 주면 안 된다.

- 새로운 사회를 배운다는 자세로 처신해야 한다.

- 변화는 辰戌丑未에서 일어난다.

- 정인은 편인보다 따뜻함이 있다.

- 정인이 따뜻한 이불이면, 편인은 차가운 이불이다.

- 정인이 따뜻한 밥이라면, 편인은 차가운 밥이다.

- 정인은 안정감이 있고, 편인은 안정감이 덜하다.

- 겁재 甲木은 월지 戌에서 12운성 양이다.

- 乙木은 戌에서 쇠이고, 甲木은 양이다.

- 쇠는 노련하고, 양은 어설프다.

- 원국은 운의 영향을 받는다.

- 운이 원국보다 힘이 있다.

- 사주 풀이를 할 때 원국만 쳐다보면 안 된다.

- 팔자를 본다는 것은 운의 흐름을 보는 것이다.

- 시간, 즉 운의 흐름에 따라 변하지 않는 것은 없다.

- 그래서 음지가 양지되고, 양지가 음지된다.

- 정상에 서면 내려오고, 바닥을 치면 올라간다.

- 정상에서 교만하면 안 되고, 바닥에서 좌절하면 안 된다.

겨울철 乙木

亥월 乙木

時	日	月	年
○	乙	○	○
○	○	亥	○

- 亥월에는 壬水와 丁火 그리고 己土가 건록이다.

- 壬水와 丁火, 己土 중에서 천간에 투한 글자를 격으로 잡는다.

- 乙木은 안으로 들어가며 응축 하강하는 속성이 있다.

- 乙木은 庚金과 음양의 짝이다.

- 乙庚 천간합을 말하는 것이 아니다.

- 乙木과 庚金은 동전의 양면과 같다.

- 亥월 乙木은 12운성 병이다.

- 亥월에는 甲木이 장생이고, 乙木은 병이다.

- 12운성 장생과 병은 음양 관계이다.

- 乙木은 가을철 申酉戌에서 록·왕·쇠로 활동한다.

- 보이지 않는 음을 잘 파악해야 고수가 된다.

- 병의 시기에는 일을 줄여가야 한다.

- 지킬 것을 지켜야 탈 없이 살 수 있다.

- 월간 편재 己土는 더 응축 더 하강하는 丁火의 운동을 억제하고, 확산 상승 운동하는 辛金을 돕는다.

- 己土는 월지 亥에서 12운성 건록이다.

- 편재격이다.

- 亥子丑의 환경은 어둡고 추운 시간과 공간이다.

- 어둡고 추운 시간이나 공간에서 일하는 己土이다.

- 어둠과 추위에서 일하는 촛불이나 난로와 같다.

- 록·왕·쇠에서는 찾는 사람이 많아서 할 일이 많아진다.

- 무작정 노력한다고 되는 것은 아니다.

- 글자의 속성과 운의 흐름을 보면서 일을 해야 한다.

- 일할 때 일하고, 잠잘 때 자야 한다.

- 출근할 때 출근하고, 퇴근할 때 퇴근해야 한다.

- 자연의 법을 어기면 힘들게 산다.

- 월간 丁火 식신은 월지 亥에서 건록이다.

- 식신격이다.

- 오행 기준으로는 亥와 子, 壬水와 癸水를 구분하지 못한다.

- 오행의 상생상극은 십신을 정할 때 사용한다.

- 그 외에는 오행의 생극제화는 필요가 없다.

- 丙火가 더 확산 더 상승하면, 丁火는 더 응축 더 하강한다.

- 丙火가 나오면, 丁火는 들어간다.

- 팔자와 운에 성공과 실패가 있는 것이 아니다.

- 글자의 속성을 지키며 노력해야 한다.

- 노력 없이 저절로 이루어지는 것은 없다.

- 운이 왔을 때 할 수 있는 모든 노력을 다해야 한다.

- 봄이 오면 씨를 뿌려야 한다.

子월 乙木

- 子월에는 壬水와 丁火 그리고 己土가 제왕이다.

- 壬水와 丁火, 己土 중에서 천간에 투한 글자를 격으로 잡는다.

- 乙木은 음간이므로 밖에서 안으로 들어가는 운동을 한다.

● 지지 현실을 벗어나서 살 수는 없다.

● 지지 현실을 고려하면서 천간의 뜻을 실천해야 한다.

● 子월 乙木은 12운성 사이다.

● 사에서는 일을 점차 줄여가야 한다.

● 乙木은 안으로 들어가며 응축 하강하는 속성이 있다.

● 甲木은 밖으로 나가면서 확산 상승하는 속성이 있다.

● 음양의 차이이다.

● 월간 丙火 상관은 월지 子에서 12운성 태이다.

● 丙火는 밖으로 나가며 더 확산 더 상승하는 속성이 있다.

● 丙火 태양이 항상 떠 있는 것은 아니다.

● 태양도 보이지 않는 곳에서 쉴 때가 있다.

● 태에서는 없는 듯이 조용히 지내면 좋다.

● 출마, 확장, 개업 등의 활동은 좋지 않다.

● 관직에 들어갔다가 귀양을 가는 경우와 같다.

- 壬水는 밖으로 나가며 더 응축 더 하강하는 속성이 있다.

- 子에서 壬水가 제왕이니 세상은 응축 하강이 극에 이른다.

- 정인 壬水는 월지 子에서 제왕이다.

- 정인격(인수격)이다.

- 정인을 더 응축 더 하강하는 모습처럼 사용해야 한다.

- 응축 하강하는 글자는 외형보다는 실속을 추구한다.

- 응축 하강의 글자는 잘난체하거나 자랑하지 않는다.

丑월 乙木

- 丑월은 겨울에서 봄으로 넘어가는 환절기이다.

- 서서히 확산 상승이 일어나는 시기이다.

- 천간은 지지를 따라야 한다.

- 丑월에 乙木은 12운성 묘이다.

●묘에서는 바쁜 삶보다는 여유로운 삶이 좋다.

●묘는 일을 마무리하고 휴식, 충전하는 시기이다.

●되돌아보며 반성하는 시기이다.

●월간 己土 편재는 丑에서 12운성 쇠이다.

●쇠는 막 은퇴한 시기이다.

●기존에 일을 확장하려고 하면 안 된다.

●기존의 일을 마무리하고 새로운 일을 찾아야 한다.

●과거에 미련을 가지면 안 된다.

●己土는 더 응축 더 하강하는 丁火의 운동을 억제하고, 확산 상승
  운동하는 辛金을 돕는다.

●같은 천간이라도 지지에 따라 모두 모습이 달라진다.

●지지를 보면서 천간의 상황을 판단한다.

●월간 辛金은 안으로 들어가며 확산 상승하는 속성이 있다.

●庚金이 하강하면 辛金은 상승한다.

●庚金이 응축하면 辛金은 확산한다.

●庚金과 辛金을 구분하지 못하는 경우가 많다.

●음간을 대충 오행으로 양간처럼 설명하는 경우가 많다.

●월간 辛金은 월지 표에서 12운성 관대이다.

●辛金의 확산 상승하는 활동이 활발해지는 시기이다.

丙火 정리

봄철 丙火

寅월 丙火

- 寅월에는 甲木과 辛金이 건록이다.

- 甲木과 辛金 중에서 천간에 투한 글자를 격으로 잡는다.

- 일간 丙火는 밖으로 나가며 더 확산 더 상승하는 속성이 있다.

- 寅월 丙火는 장생으로, 丙火가 막 태어난 시기이다.

- 태양이 막 떠오르는 순간이다.

- 윗사람의 도움과 지도가 필요할 때이다.

- 丙火의 그릇이 크지 않다.

- 크면 좋고 작으면 나쁘다는 생각을 버려야 한다.

- 자연 속에는 크고 작은 수많은 것들이 조화를 이룬다.

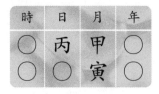

- 월간 甲木은 寅월에 건록이다.

- 편인격이다.

- 편인 甲木은 밖으로 나가면서 확산 상승하는 속성이 있다.

- 어느 팔자나 격을 잡을 수는 있다.

- 그러나 누구나 인정하는 격은 건록이나 제왕이어야 한다.

- 격이 좋아도 운에 따라 다른 상황이 펼쳐진다.

- 격이나 운이 좋아도 환경이 좋지 않은 경우도 많다.

- 성능이 좋은 전자제품이 주인을 잘못 만나는 경우와 같다.

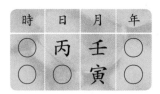

- 월간 편관 壬水는 밖으로 나가면서 더 응축 더 하강하는 속성이
  있다.

- 壬水가 편관이니 더 응축 더 하강하는 일을 해야 한다.

- 실속을 추구하는 일을 하면 좋다.

- 편관 壬水는 월지 寅에서 12운성 병이다.

- 병은 할 일을 마치고 퇴근하는 시기이다.

●퇴근길에는 새로운 일을 시작하거나 하던 일을 확대하면 안 된다.

●12운성 병·사·묘에서는 일을 마무리해야 한다.

卯월 丙火

●卯월에는 甲木과 辛金이 제왕이다.

●甲木과 辛金 중에서 천간에 투한 글자를 격으로 잡는다.

●卯월 丙火는 목욕이다.

●목욕은 장생보다 더 성장한 시기로 청년과 같다.

●목욕의 직책이 장생보다 더 높다.

●높든 낮든 자기 그릇에 맞게 살아가면 좋다.

●채송화는 채송화로, 호랑이는 호랑이로 살아가면 된다.

●채송화가 호랑이가 되려고 할 때 문제가 발생한다.

●12운성 목욕에서는 더 배우고 익혀야 한다.

●목욕은 아직 취업하지 않은 중·고등학교 시기와 같다.

- 월간 癸水는 월지 卯에서 목욕이다.

- 일간 丙火도 월지 卯에서 목욕이다.

- 일간과 정관의 크기가 같다.

- 癸水도 지지에 따라 모습이 모두 달라진다.

- 천간과 지지를 연관시켜서 보는 습관이 필요하다.

- 현실을 무시하고 생각만으로 살 수 없기 때문이다.

- 월간 겁재 丁火는 월지 卯에서 12운성 사이다.

- 사에서는 바쁜 삶보다는 여유로운 삶이 좋다.

- 丁火는 안으로 들어가며 더 응축 더 하강하는 속성이 있다.

- 卯에서는 확산 상승이 일어나나는 시기이므로 丁火가 할 일이 없어진다.

- 丁火가 퇴근할 시기가 온 것이다.

- 퇴근할 때는 미련을 버리고 퇴근을 하면 된다.

- 월지 卯에서 丙火는 목욕이고, 丁火는 사이다.

辰월 丙火

- 辰은 봄에서 여름으로 넘어가는 환절기이다.

- 지지 현실에서 확산 상승의 기운이 더욱 활발해진다.

- 辰월 丙火는 관대이다.

- 관대는 취직한 사회 초년생 또는 학교에 막 입학한 신입생과 같다.

- 새로운 상황에 대한 호기심과 두려움이 있다.

- 독자적인 생존이 가능하지만 많은 시행착오를 거쳐야 한다.

- 독립은 쉬운 일이 아니다.

- 그러나 건록이나 제왕으로 가려면 반드시 거쳐야 할 단계이다.

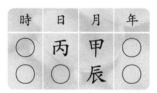

- 월간 편인 甲木은 월지 辰에서 12운성 쇠이다.

- 甲木은 봄철 寅卯辰에서 12운성 록·왕·쇠이다.

- 쇠는 막 은퇴하거나 졸업한 시기와 같다.

- 과거 록·왕처럼 바삐 일하면 안 된다.

- 쇠에서는 고문이나 자문 활동은 할 수 있다.

● 甲木은 밖으로 나가면서 확산 상승하는 속성이 있다.

● 편인은 틈새시장이나 대체 학문과 같다.

● 정품이 아닌 유사품과 같다.

● 보통 사람은 하지 않는 특이한 생각을 하기도 한다.

● 발명가의 기질이 있다.

● 월간 壬水는 월지 辰에서 12운성 묘이다.

● 묘에서는 여유를 가지고 생활하면 좋다.

● 壬水는 양간이므로 안에서 밖으로 나오는 운동을 한다.

● 壬水는 밖으로 나가며 더 응축 더 하강하는 속성이 있다.

● 겨울이나 밤에 보이는 현상들은 壬水 때문이다.

● 편관이라도 천간의 글자에 따라 나타나는 현상이 다르다.

● 壬水의 속성에 맞게 편관을 사용하면 탈이 없다.

● 천간에 있는 丙壬 또는 壬丙만 보고 좋다고 하면 안 된다.

● 천간의 관계를 논하는 십간론은 지지를 무시한 이론이다.

● 천간보다 지지가 더 우선이다.

● 현실을 떠나서는 살 수가 없기 때문이다.

● 현실에 바탕을 두고 뜻을 펼쳐야 한다.

여름철 丙火

巳월 丙火

● 巳월에는 丙火와 戊土 그리고 癸水가 건록이다.

● 丙火와 戊土, 癸水 중 천간에 투한 글자를 격으로 잡는다.

● 丙火는 월지 巳에서 건록이다.

● 丙火는 밖으로 나가며 더 확산 더 상승하는 속성이 있다.

● 건록은 추진력이 대단하다.

● 제왕보다는 그릇이 작다.

● 그릇이 크다고 좋다는 것은 아니다.

● 타고난 그릇의 종류와 크기에 맞게 살면 탈이 없다.

● 크든 작든 각자의 역할이 있다.

● 건록이나 제왕이 무조건 크고 높아지는 것은 아니다.

● 천간 속성에 따라 작고 낮아질 수도 있다.

- 정인 乙木은 월지 巳에서 장생이다.

- 장생은 유아와 같다.

- 윗사람의 도움이 필요하니 독립은 안 된다.

- 월급 받고 일하는 사람들이다.

- 乙木은 안으로 들어가며 응축 하강하는 속성이 있다.

- 응축 하강은 외형보다는 실속을 추구한다.

- 정인이 장생이니 학문이나 명예의 그릇이 크지 않다.

- 정인이 인문계라면, 편인은 실업계이다.

- 정인이 국·영·수라면, 편인은 기타 과목이다.

- 정인은 편인보다 안정감이 있다.

- 월간 상관 己土는 월지 巳에서 12운성 절이다.

- 壬水와 丁火와 己土는 겨울철 亥子丑에서 록·왕·쇠이다.

- 음간은 안으로 들어가면서 활동하므로 보이지 않는다.

- 보이지 않는다고 없는 것이 아니다.

●己土는 여름철 巳午未에서 절·태·양이다.

●절·태·양은 나를 찾는 사람이 없어서 시간이 많은 시기이다.

●휴식과 충전을 하며 보내면 좋다.

●丙火와 癸水는 손등과 손바닥과 같은 관계이다.

●癸水 정관은 월지 巳에서 건록이다.

●정관격이다.

●정관은 법과 질서를 잘 지키는 성향을 말한다.

●법과 질서를 잘 지키는 사람은 어느 그룹에나 있다.

●십신이 직업을 말하는 것은 아니다.

●팔자로 직업을 알 수 없다.

●癸水의 속성은 더 확산 더 상승이다.

●원국이 좋아도 운의 도움이 없으면 소용없다.

●꽃을 피우게 하는 것은 꽃 자체가 아닌 운이다.

●운이 좋다고 저절로 이루어지는 것은 아니다.

●운이 좋을 때 더욱 열심히 노력해야 한다.

午월 丙火

- 午월에는 丙火와 戊土 그리고 癸水가 제왕이다.

- 丙火와 戊土, 癸水 중에서 천간에 투한 글자를 격으로 잡는다.

- 午월 丙火는 제왕으로 양인격이다.

- 양인에는 지나치다는 부정적인 의미가 들어 있다.

- 卯월 甲木, 午월 戊土, 酉월 庚金, 子월 壬水도 양인격이다.

- 양인격도 글자의 속성에 따라 다른 현상으로 나타난다.

- 제왕은 정상에 오른 것과 같다.

- 정상에 오르면 남은 것은 내려가는 일뿐이다.

- 丙火는 밖으로 나가며 더 확산 더 상승하는 속성이 있다.

- 확산 상승은 보기는 좋으나 실속이 없다.

- 午월 丙火는 너무 뜨겁다.

- 너무 뜨거우면 모두 피하게 된다.

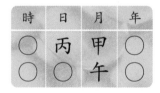

- 월간 甲木 편인은 밖으로 나가며 확산 상승하는 속성이 있다.

●甲木은 일간 丙火의 확산 상승 속도보다는 느리다.

●일간 丙火가 甲木을 만나면 속도가 느린 동생을 만난 것과 같다.

●편인 甲木은 월지 午에서 12운성 사이다.

●사는 쇠에서 은퇴하고, 병을 지난 다음 시기이다.

●은퇴한 후에는 일을 줄여가는 것이 좋다.

●월간 庚金은 밖으로 나가며 응축 하강하는 속성이 있다.

●庚金 편재는 월지 午에서 목욕이다.

●생 · 욕 · 대에서는 일을 서서히 늘려가는 것이 좋다.

●목욕은 배우고 익히는 시기이다.

●배울 때는 누구에게 배우는지도 중요하다.

●팔자의 능력을 끄집어내 줄 리더도 중요하다.

●편재가 목욕이니 독립적으로 사용할 수는 없다.

●목욕 다음에 오는 관대부터 독립할 수 있다.

●편재는 정재보다 재의 굴곡이 심하다.

●팔자와 운이 유전이라면, 유전 이외의 환경도 중요하다.

未월 丙火

- 未월은 여름에서 가을로 접어드는 시기이다.

- 더 확산 더 상승하는 속성을 가진 丙火는 이제 물러나야 한다.

- 丙火는 未월에 12운성 쇠이다.

- 쇠는 막 은퇴한 시기이다.

- 쇠에서는 이제 서서히 일을 줄여가야 한다.

- 록·왕에서 열심히 일하고, 쇠·병·사·묘에서는 물러나야 한다.

- 타고난 팔자 여덟 글자는 죽을 때까지 변하지 않는다.

- 운에 따라 강해졌다 약해졌다 할 뿐이다.

- 사주풀이는 운의 흐름을 보는 것이다.

- 변하지 않는 원국과 변하는 운의 차이를 알아야 한다.

- 겁재 丁火는 월지 未에서 12운성 양이다.

- 양은 뱃속에서 길러지는 시기이다.

●丙火와 丁火는 반대로 운동한다.

●丙火가 더 확산하면, 丁火는 더 응축한다.

●丙火가 더 상승하면, 丁火는 더 하강한다.

●일간 丙火는 未에서 쇠이고, 겁재 丁火는 未에서 양이다.

●쇠는 노련하고, 양은 미숙하다.

●겁재라고 무조건 부정적으로 해석하면 안 된다.

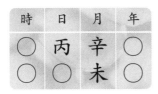

●월간 정재 辛金은 안으로 들어가며 확산 상승하는 속성이 있다.

●정재 辛金은 월지 未에서 12운성 묘이다.

●쇠·병·사·묘·절에서 일을 늘리거나 시작하면 좋지 않다.

●재성은 내가 마음대로 처리할 수 있는 대상이다.

●재성은 밀고 나가는 추진력이 있다.

●정재는 편재보다 안정감이 있다.

●내가 마음대로 다룰 수 없는 재성은 인성으로 본다.

가을철 丙火

申월 丙火

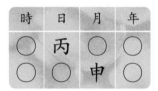

- 申월에는 庚金과 乙木이 건록이다.

- 庚金과 乙木 중에서 천간에 투한 글자를 격으로 잡는다.

- 申월은 가을이 시작되는 시기이다.

- 응축 하강하는 운동이 본격적으로 시작된다.

- 더 확산 더 상승하는 속성을 가진 丙火는 할 일이 줄어든다.

- 申월 丙火는 12운성 병이다.

- 은퇴한 후에는 과거의 일은 잊는 것이 좋다.

- 당분간 태양은 다시 떠오를 수 없다.

- 출근했으면 퇴근도 해야 한다.

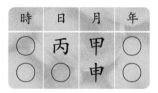

- 甲木은 솟아나는 새싹과 같다.

●甲木은 밖으로 나가면서 확산 상승하는 속성이 있다.

●申월은 응축 하강하는 시기이다.

●월간 편인 甲木은 월지 申에서 절이다.

●절에서는 휴식을 취하며 충전하는 것이 좋다.

●천간의 뜻과 지지의 환경이 다를 때가 있다.

●이때는 생각을 버리고 지지 현실을 따르는 것이 현명하다.

●생각보다 현실이 우선이다.

●인성은 내가 믿고 의지할 대상이다.

●인성이 많으면 자립심이 사라진다.

●편인은 정인보다 따뜻함과 안정감이 덜하다.

酉월 丙火

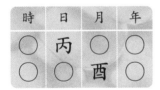

●酉월에는 庚金과 乙木이 제왕이다.

●庚金과 乙木 중에서 천간에 투한 글자를 격으로 잡는다.

●일간 丙火는 월지 酉에서 12운성 사이다.

●12운성 사에서는 일을 줄여가는 것이 좋다.

●봄·여름에는 일이 많아지고, 가을·겨울에는 일이 줄어든다.

●丙火는 申酉戌에서는 병·사·묘로 물러나야 한다.

●출근할 때가 있으면 퇴근할 때도 있어야 한다.

●생·욕·대가 출근이라면, 병·사·묘는 퇴근이다.

●출근할 때는 일이 많아지고, 퇴근할 때는 일이 적어진다.

●정재 辛金은 월지 酉에서 12운성 태이다.

●가을에는 庚金이 강하다.

●눈에 보이는 자연 현상은 모두 양간이다.

●오행은 양간만을 이야기한다.

●음양의 구분은 명리의 첫 단추이다.

●첫 단추를 잘 끼워야 한다.

●정재는 편재보다 재의 측면에서 안정감이 있다.

●申酉戌에서는 응축 하강하는 운동이 일어난다.

●일간 丙火는 申酉戌에서 병·사·묘가 된다.

●월간 辛金은 申酉戌에서 절·태·양이다.

- 월간 겁재 丁火는 월지 酉에서 목욕이다.

- 목욕은 성장하는 청소년과 같다.

- 꽃이 피는 시기와 같다.

- 丁火의 활동이 점점 강해지는 시기이다.

- 丁火는 申酉戌에서 생·욕·대가 된다.

- 생·욕·대는 출근하는 것과 같아서 일이 점차 많아진다.

- 丙火는 申酉戌에서 병·사·묘가 된다.

- 병·사·묘는 퇴근하는 것과 같다.

- 퇴근할 때는 일을 줄여가야 한다.

戌월 丙火

- 일간 丙火는 월지 戌에서 12운성 묘이다.

- 12운성 사나 묘가 나쁜 것이 아니다.

●동주사(同柱死)나 동주묘(同柱墓)를 따로 취급할 필요가 없다.

●12운성 중 하나일 뿐이다.

●병·사·묘는 퇴근하는 시기이니 일이 점차 줄어든다.

●일이 줄어들면 여유가 생긴다.

●병보다는 사, 사보다는 묘가 더 여유가 많다.

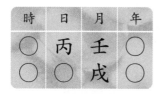

●壬水는 밖으로 나가며 더 응축 더 하강하는 속성이 있다.

●월간 편관 壬水는 월지 戌에서 관대이다.

●관대는 막 취직한 시기이다.

●새로운 환경에 접어든 시기이다.

●새로운 환경 속에서 적응하는 것은 긴장감과 어려움이 따른다.

●辰戌丑未는 변화의 시기이다.

●辰戌丑未는 12운성 양·관대·쇠·묘에 속한다.

●변화의 시기에는 속도를 늦추고 조심해야 한다.

●천간에 어떤 글자가 있다고 무조건 좋을 수는 없다.

●丙火와 壬水가 있으면 무조건 좋다고 여기는 사람들이 있다.

●천간은 지지의 지배를 받는다.

●또 팔자 주인공의 환경과 자유 의지도 중요하다.

● 壬水는 亥子丑에서 록·왕·쇠이다.

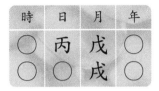

● 일간 丙火와 월간 식신 戊土는 월지 戌에서 12운성 묘이다.

● 묘에서는 일을 줄이고 한가한 삶을 살면 좋다.

● 丙火나 戊土나 더 확산 더 상승하는 속성이 있다.

● 식상은 주고 싶은 마음이다.

● 식상은 하고 싶은 마음이다.

● 식신은 메뉴가 하나이고, 상관은 메뉴가 다양하다.

● 식신은 깊이가 있고, 상관은 폭이 넓다.

● 식신은 외골수이고, 상관은 융통성이 있다.

● 식신 상관도 천간 속성에 따라 다양하게 사용해야 한다.

● 천간의 속성을 아는 것이 중요하다.

● 같은 십신이라도 모두 같은 것이 아니다.

겨울철 丙火

亥월 丙火

● 亥월에는 壬水와 丁火 그리고 己土가 건록이다.

● 壬水와 丁火, 己土 중에서 천간에 투한 글자를 격으로 잡는다.

● 丙火는 태양처럼 더 확산 더 상승하는 속성이 있다.

● 亥월에 丙火는 12운성 절이다.

● 절은 잠을 자는 것과 같다.

● 휴식, 충전을 위해 잠도 자야 한다.

● 항상 일만 할 수는 없다.

● 丙火는 亥에서 절이고, 子에서 태이다.

● 월간 乙木 정인은 월지 亥에서 12운성 병이다.

● 병 · 사 · 묘에서는 일을 줄이면서 여유로운 삶을 추구해야 한다.

- 한자(漢字)에 얽매이면 안 된다.

- 글자가 나타내고자 하는 자연의 변화를 읽어야 한다.

- 병·사·묘는 일을 마치고 퇴근하는 시기와 같다.

- 乙木은 음간이므로 밖에서 안으로 들어가는 운동을 한다.

- 음간은 록·왕·쇠가 되면 안으로 깊이 들어간다.

- 안으로 깊이 들어가면 보이지 않는다.

- 보이지 않는다고 없는 것이 아니다.

- 보이지 않는 음간을 잘 알아야 한다.

- 보이는 양간은 누구나 알 수 있다.

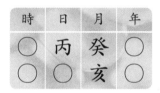

- 월간 정관 癸水는 안으로 들어가며 더 확산 더 상승하는 속성이 있다.

- 癸水는 巳午未에서 록·왕·쇠이다.

- 여름철에 땀이 나고 습도가 높은 것은 癸水 때문이다.

- 천간은 지지에 따라 모습이 변한다.

- 천간을 지배하는 것은 지지이다.

- 癸水는 월지 亥에서 12운성 절이다.

- 절은 현실에서 단절되었다는 의미이다.

- 보이지 않는 조용한 곳에서 癸水를 사용하면 좋다.

- 절태양은 산속, 섬, 계곡, 해외, 변두리, 뒷골목, 독서실, 연구실 등이다.

子월 丙火

- 子월에는 壬水와 丁火 그리고 己土가 제왕이다.
- 壬水와 丁火, 己土 중에서 천간에 투한 글자를 격으로 잡는다.
- 丙火는 밖으로 나가며 더 확산 더 상승하는 속성이 있다.
- 丙火는 양간이므로 안에서 밖으로 나가는 활동을 한다.
- 丙火는 巳午未에서 록·왕·쇠가 된다.
- 일간 丙火는 월지 子에서 12운성 태이다.
- 태는 막 잉태되어 누군가의 보호를 받아야 한다.
- 子는 어둡고 추운 곳이다.
- 어둡고 추운 곳에서는 丙火가 아닌 丁火 활동을 해야 한다.
- 성공과 실패는 팔자의 글자 속성을 얼마나 잘 지키느냐에 있다.
- 글자 자체에 좋고 나쁨이 있는 것이 아니다.
- 천간 지지 속성을 지키지 않으면 건강을 잃을 수도 있다.

●천간 지지 속성을 지키지 않으면 하는 일이 실패할 수도 있다.

●월간 비견 丙火는 월지 子에서 태이다.

●丙火의 속성은 더 확산 더 상승이다.

●丙火는 보통 태양으로 비유된다.

●태양이 항상 빛나고 있는 것은 아니다.

●태양도 퇴근할 때와 잠잘 때가 있다.

●丙火는 子에서 태이니 잠을 자는 때이다.

●글자의 속성을 지켜야 한다.

●팔자 원국보다 운이 중요하다.

●벚꽃은 항상 피어 있는 것이 아니다.

●때를 만나야 한다.

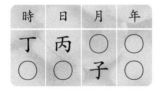

●시간에 겁재 丁火가 있다.

●丁火 겁재는 월지 子에서 제왕이다.

●겁재격이다.

●제왕에서는 찾는 사람이 많아서 할 일이 많다.

●丁火는 춥고 어두운 공간, 즉 음지에서 일한다.

●각자의 위치에서 분수를 지키며 열심히 살면 된다.

●일간 丙火는 子월에 태이다.

●亥子丑에서는 丙火가 丁火의 빛을 빼앗지 못한다.

●아무 때나 병탈정광(丙奪丁光)을 이야기해서는 안 된다.

丑월 丙火

●丙火는 월지 丑에서 양이다.

●양은 잉태한 후 뱃속에서 길러지는 시기이다.

●독자적으로 일어서기는 아직은 힘들다.

●윗사람의 도움을 받으면 좋다.

●조직에서 아래에 있는 단계가 목욕·장생·양·태의 시기이다.

●팔자 원국에서 지위의 높낮이도 파악할 수 있다.

●직책은 조직의 크기 등으로 상대적이니 다를 수 있다.

●월간 상관 己土는 월지 丑에서 12운성 쇠이다.

●쇠는 막 은퇴한 시기와 같다.

●은퇴할 시기에 기존의 일을 확장하면 안 된다.

●己土는 더 응축 더 하강하는 丁火의 운동을 억제하고, 확산 상승

　운동하는 辛金을 돕는다.

●己土는 亥子丑에서 록·왕·쇠이다.

●록·왕·쇠는 가장 바쁘고 일거리가 많을 때이다.

●록·왕·쇠가 좋고, 절·태·양이 나쁘다고 생각하면 안 된다.

●절·태·양은 여행, 여유, 휴식, 충전, 학문 등과 관련이 있다.

●팔자에 좋고 나쁨이 있는 것은 아니다.

●글자의 속성과 운의 흐름을 지키는 것이 중요하다.

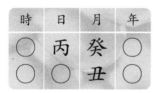

●월간 정관 癸水는 더 확산 더 상승하는 속성이 있다.

●癸水는 월지 丑에서 일간 丙火처럼 양이다.

●정관 癸水를 양의 모습으로 사용하면 좋다.

- 양은 뱃속에 있는 아이와 같다.

- 보호를 받아야 하니 독자적인 일은 안 된다.

- 월급 생활이나 체인점, 프랜차이즈 등을 하면 좋다.

- 모두 타고난 속성대로 살면 된다.

- 채송화가 아무리 노력해도 해바라기가 될 수는 없다.

- 태어날 때 주어진 그릇의 종류와 크기를 지키며 살아가는 것이 좋
  다.

- 남의 삶에 간섭하거나 간섭받지 말아야 한다.

- 헛된 희망을 꿈꾸지 말아야 한다.

- 주어진 현실에 충실해야 한다.

丁火 정리

봄철 丁火

寅월 丁火

- 寅월에는 甲木과 辛金이 건록이다.

- 甲木과 辛金 중에서 천간에 투한 글자를 격으로 잡는다.

- 丁火는 밖에서 안으로 들어가며 더 응축 더 하강하는 속성이 있다.

- 음간들은 힘이 강해질수록 안으로 들어가서 보이지 않는다.

- 寅월의 丁火는 12운성 병이다.

- 병·사·묘는 퇴근하는 시기와 같다.

- 퇴근할 때는 새로 일을 시작하거나 확대하면 안 된다.

- 퇴근할 때는 일을 줄이면서 마무리해야 한다.

- 寅월에는 丙火가 장생으로 활동을 시작한다.

- 丙火가 출근하면, 丁火는 퇴근한다.
- 지킬 것을 지키며 할 일을 하면 큰 탈 없이 지나간다.

- 壬水와 丁火는 더 응축 더 하강하는 속성이 있다.
- 丁火와 壬水는 손바닥과 손등과 같다.
- 함께 일하고 함께 잠을 잔다.
- 壬水는 밖으로 나가면서 활동하고, 丁火는 안으로 들어가면서 활동한다.
- 월간 壬水 정관은 寅월에 일간 丁火처럼 12운성 병이다.
- 병에서는 바쁜 삶보다는 여유로운 삶을 추구해야 한다.

- 월간 甲木 정인은 월지 寅에서 건록이다.
- 정인격(인수격)이다.
- 록·왕·쇠에 이르면 할 일이 많아진다.
- 록·왕·쇠는 인기가 많아 바쁘게 사는 시기이다.

●바쁘게 사는 것이 무조건 좋은 것만은 아니다.

●휴식과 여유가 필요할 때도 있다.

●천간마다 속성이 다르니 글자의 속성을 지켜야 한다.

●甲木은 안에서 밖으로 나가면서 확산 상승하는 속성이 있다.

●상담할 때는 질문에 대한 답만 하면 된다.

●질문의 의도를 파악하고 정확히 답을 해야 한다.

●질문이 없으면 답도 없다.

●질문하지 않는 것에 대한 답을 하면 안 된다.

●卯월에는 甲木과 辛金이 제왕이다.

●甲木과 辛金 중에서 천간에 투한 글자를 격으로 잡는다.

●卯월 丁火는 12운성 死이다.

●12운성 병·사·묘는 퇴근하는 것과 같다.

●퇴근해야 할 때는 새로운 일을 시작하면 좋지 않다.

●퇴근할 때는 일을 줄여가며 마무리를 해야 한다.

●내가 없어도 누군가가 대신하게 되어 있다.

●생·욕·대는 출근하는 것과 같아서 일이 점차 늘어난다.

●병·사·묘는 퇴근하는 것과 같아서 일이 점차 줄어든다.

●일의 종류는 천간의 종류에 따라 다양하다.

●확산 상승하는 일도 있고, 응축 하강하는 일도 있다.

●월간 편재 辛金은 월지 卯에서 제왕이다.

●편재격이다.

●편재도 천간의 속성에 따라 다르게 사용해야 한다.

●辛金은 안으로 들어가며 확산 상승하는 속성이 있다.

●庚金과 辛金을 구분할 수 있어야 한다.

●庚金은 申酉戌에서 록·왕·쇠이다.

●辛金은 寅卯辰에서 록·왕·쇠이다.

●오행은 눈에 보이는 양간을 말한다.

●辛金은 차가움, 단정함, 단호함 등의 속성이 있다.

●천간 고유의 속성은 언제 어디서나 변하지 않는다.

- 癸水는 안으로 들어가며 더 확산 더 상승하는 속성이 있다.

- 월간 편관 癸水는 월지 卯에서 목욕이다.

- 목욕은 아직 독립하기 힘든 시기이다.

- 청년처럼 미래를 위해 배우면서 성장하는 시기이다.

- 卯월에는 甲木과 辛金이 제왕에 이르는 시기이다.

- 천간보다 지지를 우선해야 한다.

- 내 생각을 버리고 현실에 맞춰 사는 것이 현명하다.

辰월 丁火

- 丁火는 안으로 들어가며 더 응축 더 하강하는 속성이 있다.

- 亥子丑에서 더 응축 더 하강하는 기운이 가장 강하다.

- 辰월 丁火는 12운성 묘이다.

- 묘는 퇴근해서 잠자리에 들 시기이다.

- 절·태·양에서는 일을 멈추고 휴식, 충전하면 좋다.

- 쇠보다 병, 병보다 사, 사보다 묘에서 느긋하게 살아야 한다.

- 팔자 자체에 좋고 나쁨은 없다.

- 주어진 그릇의 속성과 운의 흐름을 지키면 된다.

- 채송화는 아무리 노력해도 해바라기가 될 수 없다.

- 채송화는 채송화로 살 때 가장 아름답다.

- 월간 甲木 정인은 월지 辰에서 12운성 쇠이다.

- 쇠(衰)는 막 은퇴한 후이니 고문, 자문 등으로 영향력을 행사할 수 있다.

- 甲木은 안에서 밖으로 나가는 속성이 있다.

- 甲木은 寅卯辰에서 록·왕·쇠이다.

- 록·왕·쇠에서는 할 일이 많고, 절·태·양에서는 할 일이 적다.

- 록·왕·쇠에서는 찾는 사람이 많고, 절·태·양에서는 찾는 사람이 적다.

- 절·태·양에서는 휴식, 충전, 휴가, 공부 등을 하면 좋다.

- 일간 丁火는 월지 辰에서 묘이다.

● 월간 정재 庚金은 월지 辰에서 12운성 양이다.

● 양은 잉태 후 뱃속에서 길러지는 시기이다.

● 누군가의 돌봄을 받아야 한다.

● 돌봄을 받는다는 뜻은 독립이 힘들다는 뜻이다.

● 그릇의 종류와 크기는 원국에서 정해진다.

● 태어날 때 주어지는 팔자의 그릇에 맞게 살면 된다.

● 정재는 편재보다 안정감이 있다.

● 재성은 내가 처리해야 할 대상이다.

● 재성이 많으면 처리해야 할 일이 많다.

● 재성은 밀고 나가는 추진력이 있다.

여름철 丁火

巳월 丁火

- 巳월에는 丙火와 戊土 그리고 癸水가 건록이다.

- 丙火와 戊土, 癸水 중 천간에 투한 글자를 격으로 잡는다.

- 巳월 丁火는 12운성 절이다.

- 절은 끊어졌다는 뜻이다.

- 보이지 않는 곳에 조용히 머물면 좋다.

- 독서실, 연구실, 사찰, 계곡, 섬, 지방, 해외 등이 절에 해당한다.

- 여행, 공부, 기도 등을 해도 좋다.

- 절의 시기에 록·왕·쇠처럼 열심히 활동하면 안 된다.

- 한밤중에 열심히 일하러 나가는 것과 같다.

- 밤중에 일하는 것은 자연의 법에 역행하는 것이다.

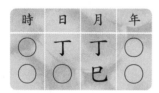

- 월간 비견 丁火는 巳월에 12운성 절이다.

●비견이나 겁재가 있으면 승부욕, 경쟁심이 강해진다.

●비견보다 겁재와의 경쟁이 치열하다.

●절·태·양에서는 찾는 사람이 없다.

●찾는 사람이 없으니 한가하고 여유가 많다.

●절·태·양 시기에는 공부, 휴식, 여행 등이 적당하다.

●록·왕·쇠에서 일하고, 절·태·양에서 쉬어야 한다.

●편관 癸水는 월지 巳에서 건록이다.

●편관격(칠살격)이다.

●癸水는 丙火처럼 더 확산 더 상승의 속성이 있다.

●음간들은 강해지면 밖에서 안으로 들어가므로 보이지 않는다.

●음간은 자연의 절반을 차지하고 있다.

●보이지 않는 음간에 대해 잘 알아야 한다.

●양은 눈에 보이므로 누구나 알 수 있다.

●학문, 종교, 철학, 행정, 연구 등이 음의 활동이다.

●인터넷 활동도 음의 활동이다.

●음간은 주로 두뇌 활동을 한다.

午월 丁火

● 午월에는 더 확산 더 상승 운동이 활발하다.

● 午월에는 丙火와 戊土 그리고 癸水가 제왕이다.

● 丙火가 제왕에 이르니, 丁火는 태가 된다.

● 태는 막 잉태된 시기이다.

● 바닥을 쳤다고 볼 수 있다. 더 이상의 하락은 없다.

● 태·양·장생 등은 누군가의 보살핌을 받아야 한다.

● 지위나 직급, 계급이 낮은 월급 생활이 좋다.

● 사업이라면 프랜차이즈 등이 좋다.

● 丁火는 안으로 들어가며 더 응축 더 하강하는 속성이 있다.

● 巳午未에서는 丁火가 절·태·양이다.

● 절·태·양에서는 찾는 사람이 없으니 할 일도 없다.

● 여유를 가지고 조용히 지내면 좋다.

● 여유가 있을 때 여행, 학문 등으로 휴식 충전하면 좋다.

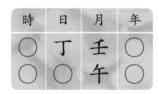

- 정관 壬水는 월지 午에서 12운성 태이다.

- 壬水는 더 응축 더 하강하는 속성이 있다.

- 실속 있는 정관을 추구한다.

- 정관 壬水는 일간 丁火와 음양의 짝을 이룬다.

- 손바닥과 손등의 관계로 항상 함께 다닌다.

- 午는 밝고 사람이 많은 장소이다.

- 정관을 태의 모습처럼 사용해야 한다.

- 사람마다 팔자의 그릇이 있다.

- 주어진 그릇 이상의 욕심을 내면 안 된다.

- 절·태·양에서는 휴식, 휴가, 여행, 학문 등으로 충전하면 좋다.

- 월간 庚金 정재는 월지 午에서 목욕이다.

- 午는 대낮이나 한여름과 같은 시기이다.

- 더 확산 더 상승 운동이 활발한 때이다.

- 庚金이 목욕이니 응축 하강하는 속성이 점점 강해지고 있다.

- 응축 하강하니 일을 줄이면서 실속을 챙겨야 한다.

- 정재는 편재보다 재가 안정적이다.

- 재성은 내가 처리해야 할 대상이다.

●재다(財多)가 되면 과로하기 쉽다.

未월 丁火

●未월은 여름이 끝나고 가을로 넘어가는 환절기이다.

●낮에서 저녁으로 전환되는 시기이다.

●더 확산 더 상승 운동이 응축 하강으로 바뀌는 때이다.

●丁火는 안으로 들어가며 더 응축 더 하강하는 속성이 있다.

●丁火는 겨울철 亥子丑에서 록·왕·쇠이다.

●丁火는 여름철 巳午未에서 절·태·양이다.

●절·태·양에서는 충전 휴식하면 좋다.

●감투, 출마, 개업, 확장 등 드러내면서 하는 활동은 좋지 않다.

●未월의 丁火는 12운성 양이다.

●양은 잉태한 후 뱃속에서 길러지는 시기이다.

●뱃속의 아이와 같으니 윗사람의 도움이 필요하다.

●독립은 힘들다.

●월간 편인 乙木은 월지 未에서 관대이다.

●관대는 새로운 환경으로 들어가는 시점이다.

●관대는 입학, 취직, 입대 등과 같이 독립하는 시기이다.

●독립은 새로운 세상으로 홀로 나가는 것이다.

●기쁨도 있지만 어려움도 따른다.

●관대·건록·제왕이 마냥 좋은 것은 아니다.

●바빠서 여유가 없어지고 책임감도 따르기 때문이다.

●상담할 때는 질문에 대한 답만 하면 된다.

●질문이 없으면 답도 없다.

●질문이 애매할 때는 구체적인 질문을 하도록 유도해야 한다.

●질문이 구체적일 때 답도 구체적으로 된다.

●월간 식신 己土는 월지 未에서 12운성 양이다.

●양은 뱃속의 아이와 같다.

●12운성 태·양·장생·목욕은 배우는 시기이다.

- ●배울 때는 가르치는 스승을 잘 만나야 한다.

- ●월급 받으며 식신 활동을 하면 좋다.

- ●예를 들면 프랜차이즈나 체인점 등의 일도 좋다.

- ●더 응축 더 하강하는 식신 활동이 좋다.

- ●더 응축 더 하강은 외형보다 실속을 추구한다.

- ●일간과 식신이 음간이므로 안으로 들어가면서 활동해야 한다.

- ●절·태·양은 바쁘지 않아서 여유가 있는 때이다.

- ●교사보다는 교감, 교감보다는 교장, 교장보다는 교육감이 더 여유 있다.

가을철 丁火

申월 丁火

- ●申월에는 庚金과 乙木이 건록이다.

- ●庚金과 乙木 중에서 천간에 투한 글자를 격으로 잡는다.

- 丁火는 丙火와 다르다.
- 丙火는 밖으로 나가면서 활동하고, 丁火는 안으로 들어가면서 활동한다.
- 丙火는 봄·여름에 활동하고, 丁火는 가을·겨울에 활동한다.
- 丙火는 아침·낮에 활동하고, 丁火는 저녁·밤에 활동한다.
- 丙火는 더 확산 더 상승하고, 丁火는 더 응축 더 하강한다.
- 申월 丁火는 12운성 장생이다.
- 장생과 병은 음양 관계이다.
- 장생은 이제 태어난 아이와 같다.
- 관대나 목욕보다는 어리고, 태나 양보다는 크다.
- 丁火는 음간이므로 강해질수록 안으로 들어간다.
- 안으로 들어가면 보이지 않는다.
- 보이지 않는 음을 잘 보아야 한다.

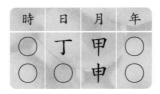

- 월간 정인 甲木은 월지 申에서 절이다.
- 절은 깊은 산속 사찰에서 기도하는 스님과 같다.
- 독서실에 박혀서 공부하는 학생과 같다.
- 절·태·양은 보이지 않는 곳이다.

- 시골, 변두리, 바닷가, 산속, 해외 등에서 충전하면 좋다.
- 甲木의 속성은 확산 상승이다.
- 申월은 응축 하강의 시기이므로 확산 상승하는 甲木은 할 일이 없다.
- 천간은 지지의 지배를 받는다.

- 월간 戊土는 상관이다.
- 戊土는 丙火의 더 확산 더 상승 운동을 멈추게 하고, 응축 하강 운동하는 庚金을 돕는다.
- 상관 戊土는 월지 申에서 병이다.
- 戊土는 巳午未에서 록·왕·쇠로 활동한다.
- 戊土는 申酉戌 병·사·묘에서 일을 마무리한다.
- 쇠·병·사·묘가 나쁜 것은 아니다.
- 한자(漢字)에 집착하지 말아야 한다.
- 시작할 때가 있으면 마무리할 때가 있다.
- 자연의 법을 어기면 문제가 발생한다.

酉월 丁火

●酉월에는 庚金과 乙木이 제왕이다.

●庚金과 乙木 중에서 천간에 투한 글자를 격으로 잡는다.

●酉월 丁火는 12운성 목욕이다.

●목욕이 장생보다 더 강하다.

●장생이 어린이라면 목욕은 청년이다.

●丁火의 속성은 더 응축 더 하강이다.

●더 응축 더 하강은 어둡고 추운 시간이나 공간이다.

●亥子丑에서 더 응축 더 하강이 심해진다.

●丁火와 丙火는 반대로 운동한다.

●丁火는 음간이므로 강해지면 밖에서 안으로 들어간다.

●丙火는 양간이므로 안에서 밖으로 나간다.

●안으로 들어가면 보이지 않게 된다.

●보이지 않는 음을 잘 알아야 한다.

●양은 눈에 보이므로 누구나 알 수 있다.

●오행은 눈에 보이는 양만 이야기한다.

●오행이 아닌 천간과 지지 중심으로 공부해야 한다.

- 월간 편재 辛金은 월지 酉에서 12운성 태이다.

- 庚金과 辛金을 잘 구분해야 한다.

- 酉에서는 庚金이 제왕이므로 辛金은 태이다.

- 申酉戌에서는 庚金이 록·왕·쇠이고, 辛金은 절·태·양이다.

- 음간과 양간을 구분하지 못하니 오행으로 팔자를 보려고 한다.

- 십신에는 천간의 속성이 하나도 들어 있지 않다.

- 십신 이전에 천간 지지 공부를 먼저 해야 한다.

- 편관 癸水는 월지 酉에서 12운성 사이다.

- 가을철에는 壬水가 출근하고, 癸水는 퇴근한다.

- 병·사·묘는 퇴근하는 시기이다.

- 퇴근이 나쁜 것은 아니다.

- 한자(漢字)에 집착하면 안 된다.

- 출근할 때 출근하고, 퇴근할 때 퇴근하면 좋다.

- 퇴근할 때는 일을 줄이며 마무리해야 한다.

●주어진 그릇대로 하고 싶은 일을 해야 한다.

●부귀해도 병원이나 감옥에 있을 수 있다.

●부귀와 행복은 아무 관계가 없다.

●행복한 삶이 잘 사는 것이다.

●명리학은 행복을 추구하는 학문이다.

●팔자가 다르므로 행복을 추구하는 방식이 다르다.

●월간 식신 己土는 일간 丁火처럼 월지 酉에서 목욕이다.

●丁火와 己土는 외형이 화려하지 않다.

●어둡고 추운 곳, 즉 사회의 음지에서 일하면 좋다.

●목욕은 어린 아이의 티를 벗는 시기이다.

●목욕이 지나고 관대에 이르면 독립할 수 있다.

●운의 흐름을 지켜야 큰 탈 없이 살 수 있다.

●봄에 씨 뿌리고, 가을에 수확해야 한다.

●여름에는 여름옷을 입고, 겨울에는 겨울옷을 입어야 한다.

●계절마다 시기마다 해야 할 일이 따로 있다.

●식상은 하고 싶은 일을 하는 것이다.

●식신은 전문적인 일이고, 상관은 백화점식 일이다.

●식신 己土는 亥子丑에서 록·왕·쇠가 된다.

戌월 丁火

●일간 丁火는 월지 戌에서 12운성 관대이다.

●관대는 성장하여 이제 막 독립한 시기이다.

●관대는 합격, 취직, 당선, 입학, 입대한 때이다.

●새로운 환경 속에서 새로운 일을 시작한다.

●새로운 세계에 적응하는 것은 쉬운 일이 아니다.

●관대는 건록·제왕으로 가는 필수 코스이다.

●힘들어도 참고 견뎌야 한다.

●자연의 법칙에서는 건너뛰는 법이 없다.

●丁火는 힘을 받을수록 더 응축 더 하강하게 된다.

●丁火는 힘을 받을수록 안으로 깊이 들어간다.

●어둡고 추운 곳에서도 누군가는 일해야 한다.

●월간 겁재 丙火는 월지 戌에서 12운성 묘이다.

●戌에서 일간 丁火가 관대이면, 월간 丙火는 묘이다.

●戌월에 丁火는 할 일이 많아지고, 겁재 丙火는 할 일이 적어진다.

●겁재라고 무조건 부정적인 것이 아니다.

●태양이 필요한 시기가 있고, 촛불이 필요한 시기가 있다.

●丙火와 丁火를 같은 火라고 하면 안 된다.

●오행은 눈에 보이는 양간만을 이야기하고 있다.

●월간 정관 壬水는 월지 戌에서 관대이다.

●丁火와 壬水는 더 응축 더 하강하는 속성이 있다.

●丁火와 壬水는 손바닥과 손등처럼 음양의 짝이다.

●壬水는 밖으로 나오면서 활동하고, 丁火는 안으로 들어가면서 활동한다.

●같은 십신이라도 각각 글자에 따라 속성이 모두 다르다.

●각 글자의 속성을 지키며 살아가면 탈이 없다.

- 문제는 주어진 글자의 속성을 어겼을 때 발생한다.

- 팔자 자체에 좋고 나쁨은 없다.

- 면도칼은 면도할 때 사용하면 좋다.

- 면도칼 자체로 좋다거나 나쁘다고 말할 수 없다.

겨울철 丁火

亥월 丁火

- 亥월에는 壬水와 丁火 그리고 己土가 건록이다.

- 壬水와 丁火, 己土 중에서 천간에 투한 글자를 격으로 잡는다.

- 丁火는 안으로 들어가며 더 응축 더 하강하는 속성이 있다.

- 丁火는 힘이 강해질수록 더 응축 더 하강하게 된다.

- 丁火는 힘이 강해질수록 안으로 깊이 들어가서 보이지 않는다.

- 확산 상승하면 보기는 좋으나 실속이 없다.

- 응축 하강하면 화려하지 않으나 실속이 있다.

- 丁火는 亥월에 건록이다.

- 亥水는 춥고 어둡고 좁은 공간이다.

- 亥월 丁火는 겨울의 난로이고 밤중의 가로등이며 등대이다.

- 亥월 丁火는 할 일이 많다.

- 여기저기서 찾는 사람이 많아진다.

- 월간 편인 乙木은 월지 亥에서 12운성 병이다.

- 乙木은 안으로 들어가며 응축 하강하는 속성이 있다.

- 편인을 응축 하강하는 모습처럼 사용해야 한다.

- 병·사·묘는 퇴근하는 시기이다.

- 乙木이 퇴근하면 甲木이 출근한다.

- 퇴근할 때는 일을 줄이면서 마무리해야 한다.

- 아침에 할 일과 저녁에 할 일이 다르다.

- 봄에 할 일과 가을에 할 일이 다르다.

- 자연의 법칙에 순응해야 한다.

●월간 편재 辛金은 안으로 들어가며 확산 상승하는 속성이 있다.

●반면 庚金은 밖으로 나가며 응축 하강하는 속성이 있다.

●辛金은 음간이므로 안으로 들어가며 활동한다.

●음간은 힘을 받을수록 깊이 들어간다.

●안으로 들어가면 보이지 않게 된다.

●오행은 눈에 보이는 양간만 이야기한다.

●천간과 지지로 공부해야 음양을 이해할 수 있다.

●亥월 辛金은 12운성 장생이다.

●장생은 어린아이와 같은 시기이다.

●부모님이나 선생님 등 어른들의 보호를 받아야 한다.

●보호를 받으며 확산 상승하는 모습으로 편재를 사용해야 한다.

子월 丁火

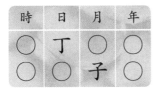

- 子월에는 壬水와 丁火 그리고 己土가 제왕이다.

- 壬水와 丁火, 己土중에서 천간에 투한 글자를 격으로 잡는다.

- 丁火는 子에서 가장 왕성하게 일한다.

- 丁火는 안으로 들어가며 더 응축 더 하강하는 속성이 있다.

- 응축 하강하면 작고 단단해진다.

- 子水는 춥고, 어둡고, 좁은 공간이다.

- 시골이고, 변두리이고, 독서실이고, 산속이다.

- 子월 丁火는 어둠 속 촛불이고, 겨울철 난로이다.

- 보이지 않는 것은 무시하기 쉽다.

- 보이지 않는다고 없는 것은 아니다.

- 실내에서 일하면 밖에서 보이지 않는다.

- 보이지 않는 음이 50%를 차지한다.

- 월간 甲木 정인은 월지 子에서 12운성 목욕이다.

●甲木은 확산 상승하는 속성이 있다.

●목욕은 장생을 지난 다음 단계이다.

●목욕은 청소년과 같으니 독립은 힘들다.

●甲木 정인을 독립적으로 사용하지 못한다.

●목욕의 시기에는 보호를 받으며 월급 받고 일하면 좋다.

●12운성 태·양·장생·목욕에서 독립은 벅차다.

●물론 조직의 크기에 따라 달라질 수 있다.

●대기업과 중소기업이 같을 수는 없다.

●정인은 학문이나 문서, 명예에 안정감이 있다.

●편인처럼 들쑥날쑥하지 않는다.

●월간 정관 壬水는 일간 丁火처럼 월지 子에서 제왕이다.

●정관격이다.

●관성은 법과 질서를 잘 지키는 성향이 있다.

●시키면 시킨 대로 잘하니 조직 생활에 잘 맞는다.

●壬水와 丁火는 더 응축 더 하강하는 속성이 있다.

●壬水는 양간이므로 밖으로 드러나 활동한다.

●겨울이나 밤에 나타나는 현상이 壬水이다.

- 壬水가 제왕에 이르니 만물은 더 응축 더 하강하게 된다.

- 양간은 눈에 보이니 누구나 쉽게 알 수 있다.

- 음간은 보이지 않으므로 모르는 경우가 많다.

- 두뇌를 쓰며 활동하는 일이 음간이다.

- 물론 음 중에 양도 있고, 양 중에 음도 있다.

- 丑土는 겨울이 끝나고 봄으로 가는 환절기이다.

- 환절기는 처음과 끝의 기운이 다르다.

- 辰戌丑未가 환절기에 해당한다.

- 丑월에 일간 丁火는 12운성 쇠이다.

- 쇠는 은퇴한 시기이다.

- 은퇴한 사람은 과거를 잊고 새로운 삶을 준비해야 한다.

- 새로운 삶은 록·왕처럼 바쁘게 일하면 안 된다.

- 丁火가 은퇴하면 丙火가 배턴을 받는다.

- 丙火는 丑에서 12운성 양이다.

- ●월간 己土 식신은 월지 丑에서 12운성 쇠이다.

- ●己土는 丁火처럼 亥子丑에서 록·왕·쇠이다.

- ●쇠는 은퇴한 시기이다.

- ●丑을 지나면 곧 寅卯辰이 온다.

- ●寅卯辰에서 丁火와 己土는 병·사·묘가 된다.

- ●모든 일에는 때가 있다.

- ●출근하고 일하고, 퇴근하고 잠자는 때를 잘 지켜야 한다.

- ●천간은 지지에 복종해야 한다.

- ●지지 현실을 보면서 천간의 생각을 바꾸어야 한다.

- ●천간과 지지와의 관계를 나타내는 것이 12운성이다.

- ●편관 癸水는 월지 丑에서 12운성 양이다.

- ●12운성 양은 뱃속에서 자라는 시기이다.

- ●12운성 양의 반대편에 쇠가 있다.

- ●癸水는 안으로 들어가며 더 확산 더 상승하는 속성이 있다.

- 丑에서 壬水가 쇠, 癸水는 양이다.

- 팔자는 태어날 때 각자에게 주어진 시간표이다.

- 시간표를 지킨다고 부귀하게 되는 것은 아니다.

- 부귀의 그릇은 태어날 때 정해진다.

- 학생이 시간표를 잘 지킨다고 공부를 잘하는 것은 아니다.

- 시간표를 잘 지키면 탈 없이 졸업할 수 있다.

戊土 정리

봄철 戊土

寅월 戊土

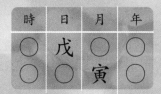

時	日	月	年
○	戊	○	○
○	○	寅	○

- 戊土는 丙火의 더 확산 더 상승 운동을 멈추게 하고, 응축 하강 운동 하는 庚金을 돕는다.
- 寅월에는 甲木과 辛金이 건록이다.
- 甲木과 辛金 중에서 천간에 투한 글자를 격으로 잡는다.
- 寅월 戊土는 12운성 장생이다. 장생은 어린아이와 같은 시기이다.
- 천간 戊土의 모양은 지지가 결정한다.
- 지지 현실을 보면서 천간 생각을 조절해야 한다.
- 현실을 무시한 꿈은 이룰 수 없다.

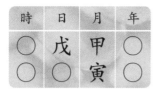

- 월간 편관 甲木은 월지 寅에서 건록이다.

- 편관격(칠살격)이다.

- 건록이나 제왕에서는 할 일이 많아진다.

- 일이 많아지면 여유가 없어진다.

- 기회는 자주 주어지지 않는다.

- 일해야 할 사람은 이 시기를 놓쳐서는 안 된다.

- 편관 甲木은 밖으로 나가면서 확산 상승하는 속성이 있다.

- 확산 상승은 실속을 챙기기보다는 남 보기 좋은 일을 한다.

- 월간 庚金 식신은 월지 寅에서 절이다.

- 절·태·양은 할 일이 없어서 가장 한가한 시기이다.

- 한가한 시간이 많으면 학위, 충전, 휴식, 여행 등을 할 수 있다.

- 지방이나 산속 등에서 기도, 공부, 수련 등도 좋다.

- 감옥이나 병원 등도 절에 비유된다.

- 甲木은 가을 申에서 절이고, 庚金은 봄 寅에서 절이다.

●壬水는 여름 巳에서 절이고, 丙火는 겨울 亥에서 절이다.

卯월 戊土

●卯월에는 甲木과 辛金이 제왕이다.

●甲木과 辛金 중에서 천간에 투한 글자를 격으로 잡는다.

●卯월 戊土는 12운성 목욕이다.

●목욕은 장생보다 더 성장한 시기로 청년과 같다.

●戊土는 丙火의 더 확산 더 상승 운동을 멈추게 하고 응축 하강 운동
  하는 庚金을 돕는다.

●卯월에는 甲木과 辛金이 제왕이다.

●지지 현실을 바꾸기 어려울 때는 천간 생각을 바꾸는 것이 좋다.

●가을 단풍을 좋아해도 봄에는 벚꽃 구경을 가야 한다.

- 정관 乙木은 월지 卯에서 12운성 태이다.

- 乙木이 卯에서 강하다고 하면 안 된다.

- 甲木과 乙木을 구분해야 한다.

- 봄철 寅卯辰에서는 甲木이 강하다.

- 오행은 눈에 보이는 양간만 설명한다.

- 오행은 자연의 절반을 차지하고 있는 음을 무시하고 있다.

- 乙木은 안으로 들어가며 응축 하강하는 속성이 있다.

- 寅卯辰에서 乙木은 절·태·양이다.

- 卯월에 태에 처한 乙木은 보이지 않는 곳에서 조용히 살아가면 좋다.

- 지방에서 월급 생활도 하나의 예이다.

- 월간 상관 辛金은 월지 卯에서 제왕이다.

- 卯월에는 甲木과 辛金이 제왕이다.

- 상관격이다.

- 甲木은 밖으로 나가면서 확산 상승하고, 辛金은 안으로 들어가면서 확산 상승한다.
- 보이지 않는다고 음간들을 무시하면 안 된다.
- 안이 없는 밖은 있을 수 없다.
- 음이 자연의 절반을 차지한다.
- 하고 싶은 일을 하면서 살면 행복하다.
- 팔자 자체에 성공과 실패가 있는 것은 아니다.
- 주어진 속성을 얼마나 잘 지키느냐에 달려 있다.

辰월 戊土

時	日	月	年
○	戊	○	○
○	○	辰	○

- 辰월 戊土는 12운성 관대이다.
- 관대는 합격, 입학, 입대 등으로 새로운 환경에 진출한 시기이다.
- 관대의 시기에는 힘이 있고 자부심도 있다.
- 그러나 새로운 환경으로 들어가는 두려움도 있다.
- 관대에서는 독자적인 활동이 가능하지만 어설프다.
- 관대는 건록이나 제왕보다는 그릇이 작다.

●욕심을 내면 안 된다.

●세상 일이 천간 뜻대로 되는 것은 아니다.

●지지 현실을 살펴며 일을 해야 한다.

●생각과 현실이 조화를 이루어야 한다.

●월간 丙火 편인은 일간 戊土처럼 월지 辰에서 관대이다.

●관대는 막 취직이나 입학한 사람처럼 아직은 어설프다.

●합격이나 취직이 무조건 좋은 것은 아니다.

●부모의 품을 떠나 새로운 환경에 적응하며 살아가야 한다.

●관대 · 건록 · 제왕이 무조건 좋다는 생각은 버려야 한다.

●그냥 운의 흐름에 맞춰 살아가면 된다.

●좋고 나쁨은 개인의 생각이다.

●편인은 문서나 명예, 학문 분야에서 안정감이 없다.

●안정감이 없으니 굴곡이 심하다.

●반면 정인은 꾸준하고 안정감이 있다.

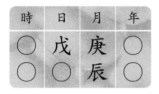

時	日	月	年
◯	戊	庚	◯
◯	◯	辰	◯

●월간 식신 庚金은 월지 辰에서 12운성 양이다.

●양은 뱃속에 있는 아이와 같다.

●태를 지나 양을 거쳐 장생으로 간다.

●격의 고저는 12운성으로 파악할 수 있다.

●12운성은 자연의 변화를 글자로 나타내고 있다.

●庚金은 봄철 卯에서 잉태된다.

●卯에서 잉태하여 辰에서 양이다.

●태나 양은 윗사람의 돌봄이 필요하다.

●독립적인 일보다 보호를 받으며 일하면 좋다.

●월급 받는 사람들도 그 부류에 속한다.

여름철 戊土

巳월 戊土

- 巳월에는 丙火와 戊土 그리고 癸水가 건록이다.

- 丙火와 戊土, 癸水 중 천간에 투한 글자를 격으로 잡는다.

- 巳월 戊土는 12운성 건록이다.

- 戊土는 丙火의 더 확산 더 상승 운동을 멈추게 하고 응축 하강 운동 하는 庚金을 돕는다.

- 巳월에는 더 확산 더 상승 운동이 시작되는 시기이다.

- 사주팔자 원국에서 그릇의 종류와 크기를 파악한다.

- 운의 흐름에 따라 원국이 어떻게 변해 가는지 살피는 것이 사주풀이다.

- 지지를 무시하고 천간만 보아서는 안 된다.

- 운을 무시하고 원국만 보아서도 안 된다.

- 대운 속에 세운이 있으니 대운의 중요성을 알아야 한다.

時	日	月	年
○	戊	乙	○
○	○	巳	○

- 정관 乙木은 월지 巳에서 장생이다.

- 정관은 법과 질서를 잘 지킨다.

- 십신은 팔자 주인공의 성향을 나타낸다.

- 직업을 나타내는 것이 아니다.

- 장생은 태어난 어린아이와 같다.

- 초등학생이나 중학생보다 어리다.

- 보호나 도움이 많이 필요한 시기이다.

- 팔자 원국으로 타고난 그릇의 종류와 크기를 알 수 있다.

- 모든 학문은 어디에서 누가 가르치더라도 핵심은 같아야 한다.

- 가르치는 방법은 다를지라도 내용은 같아야 한다.

- 그래서 전국적으로 실시하는 시험이 가능해야 한다.

- 명리학도 그래야 한다.

- 같은 팔자를 보고 사람마다 책마다 서로 달라서는 안 된다.

- 명리학의 기준은 자연의 법이 되어야 한다.

●월간 정재 癸水는 월지 巳에서 건록이니 정재격이다.

●정재격도 천간에 따라 모두 다르게 사용해야 한다.

●응축해야 할 정재도 있고, 확산해야 할 정재도 있다.

●팔자 자체에 성패가 있는 것이 아니다.

●글자의 속성을 얼마나 잘 지키느냐에 성패가 달려 있다.

●壬水와 癸水를 구분할 수 있어야 한다.

●壬水는 더 응축 더 하강하는 속성이 있다.

●癸水는 더 확산 더 상승하는 속성이 있다.

●壬水는 겨울에 록·왕·쇠, 癸水는 여름에 록·왕·쇠가 된다.

●록·왕·쇠가 되면 찾는 사람이 많아서 할 일이 많아진다.

午월 戊土

●午월에는 丙火와 戊土 그리고 癸水가 제왕이다.

- 丙火와 戊土, 癸水 중에서 천간에 투한 글자를 격으로 잡는다.
- 午월 戊土는 뜨거운 사막과 같다.
- 양인격이다.
- 양인에는 지나치게 자기중심적이라는 부정적인 의미가 들어 있다.
- 남의 의견을 무시하고 너무 잘난체한다.
- 양인격도 글자 속성에 따라 모두 다르다.
- 같은 양인격인 午월 丙火와 子월 壬水가 같을 리가 없다.
- 戊土는 丙火의 더 확산 더 상승 운동을 멈추게 하고 응축 하강 운동 하는 庚金을 돕는다.
- 戊土와 丙火는 火土동법으로 巳午未에서 건록·제왕·쇠가 된다.

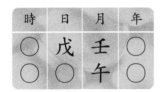

時	日	月	年
○	戊	壬	○
○	○	午	○

- 편재 壬水는 월지 午에서 12운성 태이다.
- 壬水는 밖으로 나가며 더 응축 더 하강하는 속성이 있다.
- 壬水는 볼품은 없으나 실속이 있다.
- 태는 뱃속에서 자라는 시기로, 세상에 나오기에는 너무 이르다.
- 편재 壬水를 보이지 않는 곳에서 조용히 사용해야 한다.
- 午는 밝은 곳이니 대도시이며 중심가로 사람이 많은 곳이다.

- 월간 편관 甲木은 밖으로 나가며 확산 상승하는 속성이 있다.

- 월간 甲木은 월지 午에서 12운성 사이다.

- 12운성 병·사·묘는 퇴근하는 시기와 같다.

- 반면 생·욕·대는 출근하는 시기와 같다.

- 병·사·묘에서는 일을 줄여가야 한다.

- 병·사·묘는 생·욕·대보다 시간적 여유가 더 많다.

- 천간의 글자는 하고 싶은 욕망, 욕심, 희망, 꿈, 야망 등이다.

- 벚나무라고 아무 때나 꽃이 피는 것은 아니다.

- 벚꽃이 피는 것은 벚나무의 노력이 아니라 운 때문이다.

- 원국보다 운이 더 중요하다.

未월 戊土

- 未월 戊土는 12운성 쇠이다.

- 未土는 여름에서 가을로 가는 환절기이다.

- 戊土는 더 확산 더 상승하는 운동을 응축 하강하는 운동으로 바꾼다.

- 戊土는 이제 할 일을 마쳤으니 퇴근을 준비해야 한다.

- 퇴근하고 잠자는 것도 필요하다.

- 항상 일만 할 수는 없다.

- 원국에서 타고난 그릇의 종류와 크기를 알 수 있다.

- 시간의 흐름에 따라 변하지 않는 것은 없다.

- 시간의 흐름이 운이다.

- 팔자 상담은 앞으로 운이 어떻게 펼쳐지는지를 보는 것이다.

- 개운(開運)이라고 한다.

- 운을 고칠 수는 없다.

- 개운(開運)은 불가능하다.

- 정관 乙木은 월지 未에서 관대이다.

- 乙木은 친화력과 사교성이 좋다.

- 정관은 법과 질서를 잘 지킨다.

- 정관은 시키면 시키는 대로 잘하니 조직 생활에 적합하다.

- 정관이 있다고 꼭 조직 생활을 한다는 것은 아니다.

- 법과 질서를 잘 지키는 사람은 어디에나 있다.

- 팔자와 직업은 상관없다.

- 관대는 독립할 수 있는 시기이다.

- 관대는 辰戌丑未에 해당한다.

- 辰戌丑未는 변화의 시기이다.

- 겁재 己土는 월지 未에서 12운성 양이다.

- 戊土와 己土를 구분할 수 있어야 한다.

- 己未와 己丑의 차이점을 알아야 한다.

- 己土는 未에서 양이고, 丑에서 쇠이다.

- 己土는 더 응축 더 하강하는 丁火의 운동을 억제하고, 확산 상승 운동하는 辛金을 돕는다.

- 반대로 戊土는 丙火의 더 확산 더 상승 운동을 멈추게 하고, 응축 하강 운동하는 庚金을 돕는다.

- 己土는 申酉戌, 亥子丑 운으로 갈 때 점차 할 일이 많아진다.

- 더 응축 더 하강하는 일이다.

- 己土가 화로라면 丁火는 화롯불이다.

- 己土가 초라면 丁火는 촛불이다.

가을철 戊土

申월 戊土

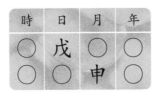

- 戊土는 丙火의 더 확산 더 상승 운동을 멈추게 하고 응축 하강 운동 하는 庚金을 돕는다.
- 申월에는 庚金과 乙木이 건록이다.
- 庚金과 乙木 중에서 천간에 투한 글자를 격으로 잡는다.
- 申월은 응축 하강이 일어나는 때이다.
- 戊土는 申월에 일을 마무리하고 퇴근을 준비한다.
- 申월의 戊土는 12운성 병이다.
- 병의 시기에 일을 시작하거나 확대하면 안 된다.
- 병·사·묘에서는 서서히 일을 줄이며 여유를 찾아야 한다.

- 월간 甲木은 밖으로 나가면서 확산 상승하는 속성이 있다.

● 편관 甲木은 월지 申에서 12운성 절이다.

● 절·태·양에서는 휴식하며 충전하면 좋다.

● 절·태·양은 보이지 않는 곳이다.

● 절·태·양의 시기에는 보이지 않는 곳에서 느긋하게 충전하면 좋다.

● 모든 지지에는 10개의 천간이 다른 모습으로 존재한다.

● 지장간의 글자만 있는 것이 아니다.

● 지장간은 모르는 것이 좋고, 안다면 빨리 잊는 것이 좋다.

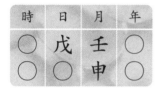

● 월간 편재 壬水는 월지 申에서 장생이다.

● 壬水는 밖으로 나가며 더 응축 더 하강하는 속성이 있다.

● 壬水의 힘이 강해질수록 세상은 어둡고 추워진다.

● 편재를 더 응축 더 하강하는 일로 써야 한다.

● 편재가 장생이므로 독립보다는 월급 받는 일을 하면 좋다.

● 태어날 때 주어지는 그릇의 종류와 크기를 지켜야 한다.

● 친구 따라 강남 가면 안 된다.

酉월 戊土

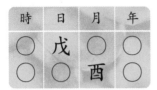

- 戊土는 丙火의 더 확산 더 상승 운동을 멈추게 하고 응축 하강 운동 하는 庚金을 돕는다.
- 酉월에는 庚金과 乙木이 제왕이다.
- 庚金과 乙木 중에서 천간에 투한 글자를 격으로 잡는다.
- 戊土는 申酉戌에서 병·사·묘다.
- 병·사·묘는 퇴근하는 시간이다.
- 戊土가 퇴근하면 己土가 배턴을 받아 출근한다.
- 음양 운동을 하면 생명력과 활력이 생긴다.
- 정신적, 육체적 운동을 꾸준히 해야 한다.

- 월간 겁재 己土는 월지 酉에서 목욕이다.
- 목욕은 성장하는 시기라서 윗사람의 가르침이 필요하다.
- 선생도 자기 수준에 맞아야 한다.
- 바둑 9단이 바둑 초급자를 가르치면 역효과가 난다.

●월간 己土는 더 응축 더 하강하는 丁火의 운동을 억제하고, 확산 상승하는 辛金을 돕는다.

●타고난 속성을 지키면서 일을 할 때 실패가 줄어든다.

●팔자 자체에 성패가 있는 것이 아니다.

●酉월에는 응축 하강 운동이 일어난다.

●상관 辛金은 월지 酉에서 12운성 태이다.

●월간 辛金은 안으로 들어가며 확산 상승하는 속성이 있다.

●酉월에는 庚金이 제왕으로 힘이 있다.

●양간인 庚金이 제왕일 때 음간인 辛金은 태이다.

●상승해야 하강하고, 하강해야 상승한다.

●庚金이 하강하면, 辛金은 상승한다.

●음양의 법칙을 잘 이해해야 한다.

●천간과 지지가 다를 때는 지지가 우선이다.

●지지 현실을 고려하면서 천간 마음을 사용해야 한다.

●현실을 직시하고 뜻을 펼쳐가야 한다.

戌월 戊土

●辰戌丑未는 초반과 후반의 기운이 다르다.

●환절기나 커브길과 같다.

●辰戌丑未는 변화가 일어날 수 있는 시기이다.

●戌월은 가을에서 겨울로 넘어가는 때이다.

●戌월 戊土는 12운성 묘이다.

●戊土는 丙火의 더 확산 더 상승 운동을 멈추게 하고 응축 하강 운동
  하는 庚金을 돕는다.

●묘에서는 조용히 지내며 하는 일을 줄여야 한다.

●쇠·병·사·묘 등 글자 자체에 의미를 부여하면 안 된다.

●자연의 변화를 표시한 12운성 용어 중 하나일 뿐이다.

●戊土는 丙火의 더 확산 더 상승 운동을 멈추게 하고 응축 하강 운동
  하는 庚金을 돕는다.

●비견은 나와 같은 방향으로 향하는 친구, 동료, 형제와 같다.

●경쟁하면서 일을 하는 친구들은 발전에 도움이 된다.

●비견은 경쟁자이면서 의지할 수 있다.

●비견은 겁재처럼 꼭 이겨야 할 친구가 아니다.

●겁재는 축구나 권투선수 등 상대 팀과 같다.

●일간과 비견 戊土는 戌에서 묘이다.

●묘에서는 모든 일을 마무리하고 잠잘 준비를 해야 한다.

●잠잘 때는 꿈을 꾼다.

●편관 甲木은 밖으로 나오면서 확산 상승하는 속성이 있다.

●양간은 안에서 밖으로 나오는 운동을 한다.

●반면에 음간은 밖에서 안으로 들어가는 운동을 한다.

●甲木은 戌에서 12운성 양이다.

●양은 잉태 후 뱃속에 있는 시기로 보호자가 있어야 한다.

●태나 양은 윗사람들의 보호가 필요하다.

●지하철에서도 임산부는 보호를 받는다.

●산모 때문이 아니고 태아 때문이다.

●윗사람의 보호가 필요한 팔자는 월급 받는 일이 좋다.

겨울철 戊土

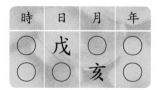 亥월 戊土

- 戊土는 丙火의 더 확산 더 상승 운동을 멈추게 하고, 응축 하강 운동 하는 庚金을 돕는다.
- 戊土는 亥월에 12운성 절이다.
- 亥子丑은 시골이나 변두리, 지점, 해외 등이다.
- 亥子丑은 사람이 적고 조용한 곳이다.
- 절·태·양에서는 찾는 사람이 없어서 한가하다.
- 절·태·양은 여유, 여행, 휴가, 학문, 충전 등과 관련이 있다.
- 운의 흐름에 따라 살아야 한다.
- 일할 때 일하고, 놀 때 놀아야 한다.
- 아침에 출근하고 저녁에 퇴근해야 한다.

- 월간 辛金 상관은 월지 亥에서 장생이다.

- 장생은 어린아이와 같아 윗사람의 돌봄이 필요한 시기이다.

- 전문가에게 배우면서 일하는 것이 좋다.

- 辛金은 확산 상승의 속성이 있다.

- 상관 辛金을 확산 상승하는 모습으로 사용해야 한다.

- 장생은 그릇의 크기가 크지 않다.

- 군의원, 시의원, 도의원, 국회의원은 모두 의원이다.

- 그릇의 차이가 있을 뿐이다.

- 정관 乙木은 월지 亥에서 12운성 병이다.

- 乙木은 안으로 들어가며 응축 하강하는 속성이 있다.

- 乙木이 木이니 상승한다고 생각하면 잘못이다.

- 甲木이 寅卯辰에서 록·왕·쇠로 상승한다.

- 甲木이 확산하면 乙木은 응축한다.

- 乙木은 음간이므로 안으로 들어가는 운동을 한다.

- 안으로 들어가면 외부에서 보이지 않는다.

- 보이지 않는 음을 잘 알아야 한다.

- 병은 일거리가 점차 줄어드는 시기이다.

- 쇠·병·사에서 일을 늘리면 안 된다.

子월 戊土

- 子월에는 壬水와 丁火 그리고 己土가 제왕이다.

- 壬水와 丁火, 己土 중에서 천간에 투한 글자를 격으로 잡는다.

- 일간 戊土는 子에서 12운성 태이다.

- 절·태·양에서는 한가하게 조용히 살면 좋다.

- 천간은 오행 운동을 하고, 지지는 사계절 운동을 한다.

- 그래서 천간과 지지를 함께 볼 때는 火土동법을 적용한다.

- 戊土는 丙火의 더 확산 더 상승 운동을 멈추게 하고 응축 하강 운동
  하는 庚金을 돕는다.

- 확산 상승하면 솜사탕처럼 크기는 커지고 밀도는 낮아진다.

- 밀도는 실속이다.

- 丙火와 戊土는 겉보기는 화려해도 실속이 없다.

- 子월의 戊土는 어둠 속이나 추위 속에서 조용히 지내는 戊土이다.

- 戊土라고 모두 같은 戊土가 아니다.

- 지지를 보면 천간의 차이를 알 수 있다.

● 월간 丙火 편인은 더 확산 더 상승하는 속성이 있다.

● 子水는 자정이나 동지처럼 어둡고 춥다.

● 子에서는 더 응축 더 하강 운동이 일어난다.

● 일간 戊土와 편인 丙火는 월지 子에서 12운성 태이다.

● 태는 잉태한 시기와 같다.

● 태는 바닥을 친 시기이니 때가 오기를 기다려야 한다.

● 태의 시기는 윗사람의 보호가 필요하다.

● 태 · 장생 · 목욕 등에서는 독자적인 활동은 안 된다.

● 남 밑에서 월급 생활을 하면 좋다.

● 월간 壬水 편재는 월지 子에서 제왕이다.

● 편재격이다.

● 壬水는 밖으로 나가며 더 응축 더 하강하는 속성이 있다.

● 壬水의 속성을 지켜 편재 활동을 해야 한다.

● 양간은 안에서 밖으로 나가며 활동한다.

●밖에서 일어나는 일은 누구나 알 수 있다.

●낮에 일어나는 밝고 환한 현상은 丙火 때문이다.

●밤에 일어나는 어둡고 추운 현상은 壬水 때문이다.

●壬水가 亥子丑에서 록·왕·쇠로 힘을 얻으면 어둡고 추워진다.

●亥子丑은 어둡고 추운 공간이다.

●亥子丑은 사람이 많지 않은 조용한 곳이다.

●亥子丑은 시골, 변두리, 뒷골목, 해외, 산속 등이다.

丑월 戊土

●丑월은 겨울에서 봄으로 가는 시기이다.

●壬水가 쇠로 힘을 잃어가고, 甲木이 관대로 힘을 얻는 시기이다.

●일간 戊土는 월지 丑에서 양이다.

●양은 잉태 후 뱃속에서 자라는 시기이다.

●태보다는 성장했고, 장생보다는 어리다.

●태보다는 직위가 높고, 장생보다는 직위가 낮다.

●팔자 원국은 태어날 때 각자에게 주어지는 시간표이다.

- 시간표를 잘 지키면 무난히 졸업을 한다.

- 편안하게 사는 것이 행복이다.

- 너무 많아도, 너무 적어도 자연스럽지 않다.

- 월간 정인 丁火는 월지 丑에서 12운성 쇠이다.

- 쇠는 건록과 제왕을 거쳐 은퇴한 시기이다.

- 은퇴한 후에는 시간적 여유가 많아진다.

- 바쁘게 살았던 과거의 록·왕 시절에 집착하면 안 된다.

- 丁火는 안으로 들어가며 더 응축 더 하강하는 속성이 있다.

- 丁火는 음간이므로 밖에서 안으로 들어간다.

- 丁火가 일하는 공간은 어둡고 춥고 작은 공간이다.

- 정인을 그러한 곳에서 그러한 방식으로 사용하면 좋다.

- 정인은 편인보다 따뜻함과 편안함, 안정감이 있다.

- 쇠는 은퇴 후의 새로운 시작이다.

- 은퇴 후에 제2의 삶을 살아야 한다.

時	日	月	年
○	戊	癸	○
○	○	丑	○

- 월간 정재 癸水는 월지 丑에서 12운성 양이다.

- 뱃속에서 자라는 시기가 양이다.

- 癸水 정재의 크기가 크지 않음을 알 수 있다.

- 양에서 독립은 안 된다.

- 일간 戊土와 월간 癸水는 손등과 손바닥 관계이다.

- 재성은 내가 해야 할 대상이다.

- 관성은 나에게 명령하는 대상이다.

- 재다(財多)가 되면 내가 할 일이 많아진다.

- 관다(官多)가 되면 나에게 지시하는 사람이 많아진다.

- 癸水는 안으로 들어가며 더 확산 더 상승하는 속성이 있다.

己土 정리

봄철 己土

寅월 己土

- 己土는 더 응축 더 하강하는 丁火의 운동을 멈추게 하고, 확산 상승

  운동하는 辛金을 돕는다.

- 寅월에는 甲木과 辛金이 건록이다.

- 甲木과 辛金 중에서 천간에 투한 글자를 격으로 잡는다.

- 寅월의 己土는 12운성 병이다.

- 병은 일을 마무리하고 정리를 해야 할 때이다.

- 록·왕·쇠에서 일하고, 병·사·묘에서 마무리한다.

- 팔자 자체로 좋고 나쁨은 없다.

- 지킬 것을 지키면 무난하게 살 수 있다.

●모두 주연이 될 수는 없다.

●자기에게 주어진 역할을 하면서 열심히 살면 된다.

●월간 甲木 정관은 월지 寅에서 건록이다.

●정관격이다.

●甲木은 밖으로 나가며 확산 상승하는 속성이 있다.

●정관은 법과 질서를 잘 지킨다.

●윗사람의 지시를 잘 받든다.

●시키면 시키는 대로 한다.

●착하고 모범생이라는 말을 듣는다.

●조직 생활에 적합하다.

●시키면 시키는 대로 하면 발전이 없다.

●기존의 방식을 허물고 깨뜨릴 사람도 필요하다.

●다양하게 일하는 방식을 인정해야 한다.

●록·왕·쇠는 열심히 일할 시기이다.

●언제나 일할 수 있는 것이 아니다.

●록·왕·쇠의 기간에 열심히 일해야 한다.

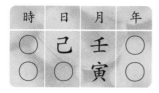

- 월간 정재 壬水는 월지 寅에서 병이다.

- 壬水와 己土와 丁火는 12운성을 같이 쓴다.

- 정재 壬水는 밖으로 나가며 더 응축 더 하강하는 속성이 있다.

- 寅월에는 확산 상승이 일어나는 시기이다.

- 壬水는 일을 마무리하고 퇴근해야 한다.

- 천간은 지지에 복종하는 것이 현명하다.

- 생각만으로 살 수는 없다.

- 현실에서 발을 떼고는 살 수 없기 때문이다.

- 지지에 따라 마음을 바꾸는 것이 좋다.

- 현실은 쉽게 바꿀 수 없지만, 생각은 쉽게 바꿀 수 있다.

卯월 己土

- 卯월에는 甲木과 辛金이 제왕이다.

●甲木과 辛金 중에서 천간에 투한 글자를 격으로 잡는다.

●卯월의 己土는 12운성 사이다.

●己土는 더 응축 더 하강하는 丁火의 운동을 억제하고, 확산 상승 운동하는 辛金을 돕는다.

●팔자 천간이 다르니 사람마다 생각이 다르다.

●팔자 지지가 다르니 처한 현실이 다르다.

●각자의 다름을 인정해야 한다.

●간섭받지도 말고 간섭하지도 말아야 한다.

●12운성 사의 반대쪽에는 목욕이 있다.

●음생양사(陰生陽死)할 때 생(生)은 장생이 아니다.

●죽고 살고 할 때 쓰는 생사(生死)의 생(生)이다.

●첫 단추가 잘못되면 그다음은 뻔하다.

●사는 선생이고, 목욕은 청소년으로 이해하면 쉽다.

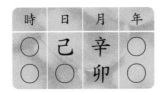

●월간 식신 辛金은 확산 상승의 속성이 있다.

●辛金은 음간이므로 안으로 들어가며 활동한다.

●월간 辛金은 월지 卯에서 제왕이다.

●식신격이다.

●봄철에 눈에 보이는 모든 현상은 甲木이다.

●봄철 내부에는 甲木과 짝을 이루는 辛金이 있다.

●눈에 보이는 양은 누구나 다 안다.

●보이지 않는 음을 알아야 한다.

●확산 상승은 실속을 챙기기보다 자랑하기를 좋아한다.

●식신이라고 모두 같다고 생각하면 안 된다.

●천간 속성에 따라 모두 다른 식신 활동으로 나타난다.

●천간과 지지 속성을 모르고 팔자를 이야기할 수는 없다.

●십신이나 각종 신살 등은 지엽적인 내용이다.

●본질적인 천간 지지를 무시하고 지엽적인 것에 치우치면 안 된다.

●숲을 보고 난 후 숲속의 나무를 봐야 한다.

●월간 편재 癸水는 월지 卯에서 목욕이다.

●癸水는 안으로 들어가며 더 확산 더 상승하는 속성이 있다.

●丙火가 밖으로 나오면서 활동하면, 癸水는 안으로 들어가면서 활동
한다.

●음간들의 활동은 실내에서 이루어지니 눈에 보이지 않는다.

●더 확산 더 상승하는 水는 모두 음간인 癸水이다.

- 더 응축 더 하강하는 水는 모두 壬水이다.

- 확산 상승하는 활동은 실속보다 외형을 중시한다.

- 천간은 사람의 생각, 마음, 욕심, 의욕, 희망, 바람, 욕망을 나타낸다.

- 모든 일이 생각대로 되는 것은 아니다.

- 항상 지지 현실을 고려하며 추진해야 한다.

- 편재는 재의 굴곡이 심하다.

- 있을 때 있고, 없을 때 없다.

- 재성이 꼭 재물을 나타내는 것은 아니다.

- 재성은 밀고 나가는 추진력이다.

辰월 己土

- 辰월은 봄에서 여름으로 바뀌는 시기이다.

- 확산 상승하는 현상이 점점 더 강해진다.

- 辰월은 丙火와 戊土 그리고 癸水가 관대에 이르는 시기이다.

- 일간 己土는 辰에서 12운성 묘이다.

- 쇠·병·사·묘에서는 일을 줄여가는 것이 좋다.

- 묘는 퇴근을 하고 잠자리에 들 시기이다.

- 묘 다음은 잠을 자며 꿈을 꾸는 절이다.

- 戊土는 丙火의 더 확산 더 상승 운동을 멈추게 하고 응축 하강 운동
  하는 庚金을 돕는다.

- 戊土와 己土는 반대로 운동한다.

- 戊土는 더 확산 더 상승 운동을 응축 하강 운동으로 전환한다.

- 己土는 더 응축 더 하강 운동을 확산 상승 운동으로 전환한다.

- 戊土와 己土가 있어서 우주의 순환 반복운동이 일어난다.

- 음양 운동은 확산과 응축, 상승과 하강을 반복한다.

- 음양 운동을 통해 만물은 생명력을 이어간다.

- 음양 운동을 하지 않는 것은 죽은 것이다.

- 월간 겁재 戊土는 월지 辰에서 관대이다.

- 관대는 교육을 마치고 독립하는 시기이다.

- 새로운 환경으로 들어가는 취직이나 입학, 입대 등과 같다.

- 새로운 환경은 낯설고 두려워 어려움이 따른다.

- 천간과 지지 글자의 속성을 지킬 때 탈이 없다.

- 천간과 지지 속성을 먼저 알아야 한다.

時	日	月	年
○	己	庚	○
○	○	辰	○

- 월간 庚金은 밖으로 나오며 응축 하강하는 속성이 있다.

- 庚金은 가을이나 저녁에 일어나는 자연 현상이다.

- 월간 상관 庚金은 월지 辰에서 12운성 양이다.

- 양은 아직 태어나지 않은 시기이다.

- 윗사람들의 도움이나 보호가 절대적으로 필요하다.

- 태·양·장생·목욕에서는 독립은 힘드니 돌볼 사람이 필요하다.

- 팔자와 운의 흐름에 맞게 살아가면 탈이 없다.

- 칼 자체가 좋거나 나쁜 것은 아니다.

- 필요할 때 필요한 칼을 사용하면 된다.

- 팔자에 있는 어떤 글자를 가지고 좋다 나쁘다 말하면 안 된다.

- 상관은 응용력, 상상력, 순발력이 뛰어나다.

- 식신은 한 가지를 깊이 파는 전문성이 있다.

- 글자의 속성에 맞춰 상관이나 식신을 사용하면 된다.

巳월 己土

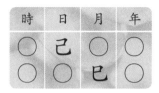

- 巳월에는 丙火와 戊土 그리고 癸水가 건록이다.

- 丙火와 戊土, 癸水 중 천간에 투한 글자를 격으로 잡는다.

- 겨울에 활약하는 己土는 여름에는 충전의 시기이다.

- 일간 己土는 월지 巳에서 절이다.

- 절의 시기에는 잠을 자듯이 조용히 지내면 좋다.

- 잠을 자는 것은 휴식이고 충전이다.

- 잠을 자지 않고 일만 할 수는 없다.

- 출근하고, 일하고, 퇴근하고, 잠자는 순환운동을 해야 한다.

- 음양 운동을 규칙적으로 할 때 활력과 생명력이 생긴다.

- 식신 辛金은 辰에서 쇠가 되고, 巳에서 병이다.

● 辛金은 안으로 들어가며 확산 상승 운동을 한다.

● 식신이라고 모두 같은 것이 아니다.

● 辛金 식신은 확산 상승하지만, 乙木 식신은 응축 하강한다.

● 글자의 속성에 맞게 식신 활동을 해야 실패 확률이 적어진다.

● 12운성 병은 일을 줄여가야 할 시기이다.

● 식신 辛金을 그렇게 쓰면 좋다.

● 식신은 한 가지를 전문적으로 하는 성향이 있다.

● 추어탕, 곰탕처럼 메뉴가 한 가지뿐인 전문점이다.

● 교수처럼 특정 분야만 깊게 파는 전문가들이다.

● 반면 상관은 백화점식 박학다식하다.

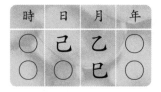

● 월간 편관 乙木은 안으로 들어가며 응축 하강하는 속성이 있다.

● 甲木과 乙木을 헷갈리지 말아야 한다.

● 甲木이 확산 상승하면, 乙木은 응축 하강한다.

● 甲木이 안에서 밖으로 나오면, 乙木은 밖에서 안으로 들어간다.

● 乙木은 월지 巳에서 장생이다.

● 손바닥과 손등처럼 乙木과 짝이 되는 것은 庚金이다.

● 庚金이 손등이고, 乙木은 손바닥이다.

●음양간의 차이이다.

●장생은 막 태어난 어린아이와 같아서 홀로서기는 힘들다.

●윗사람의 도움이 필요하니 직위가 높은 편은 아니다.

●월급 생활이 좋다.

●사업을 한다면 프랜차이즈나 체인점이 좋다.

●12운성 태가 가장 낮고 양, 장생, 목욕 순서이다.

●팔자가 다르니 사람의 역량도 다르고, 살아가는 모습도 다르다.

午월 己土

●己土는 더 응축 더 하강하는 丁火의 운동을 억제하고 확산 상승
  운동하는 辛金을 돕는다.

●午월에는 丙火와 戊土 그리고 癸水가 제왕이다.

●丙火와 戊土, 癸水 중에서 천간에 투한 글자를 격으로 잡는다.

●午월의 己土는 12운성 태이다.

●천간은 지지에 복종해야 한다.

●현실을 무시하며 살 수는 없기 때문이다.

●월지 午는 더 확산 더 상승 운동이 활발한 시기이다.

●己土는 巳午未에서 절·태·양으로 휴식을 취한다.

●휴식을 취하며 충전을 한다.

●양간이 일할 때 음간은 쉰다.

●음간이 일할 때 양간은 쉰다.

●일할 때가 록·왕·쇠이고, 쉴 때는 절·태·양이다.

●정재 壬水는 월지 午에서 12운성 태이다.

●태는 잉태된 시기로 감옥에 갇힌 것과 비슷하다.

●갇힌 모양을 취하며 살아가면 좋다.

●지방, 변두리, 지점 또는 해외로 나가도 좋다.

●여행이나 휴식 등을 취해도 좋다.

●병원, 감옥, 귀양, 구속 등도 태의 환경이다.

●壬水는 亥子丑에서 록·왕·쇠로 활동한다.

●록·왕·쇠에서 가장 할 일이 많아서 바쁘다.

●巳午未에서는 癸水가 록·왕·쇠로 활동한다.

- 월간 정인 丙火는 월지 午에서 제왕이다.

- 정인격(인수격)이다.

- 丙火는 더 확산 더 상승하는 속성이 강하다.

- 더 확산 더 상승 운동은 巳午未에서 활발하게 일어난다.

- 丙火는 巳午未에서 록·왕·쇠이다.

- 화려할수록 실속은 없다.

- 실속이 없다는 말은 적자나 손해라는 뜻은 아니다.

- 투자에 비해서 수익율이 낮아진다는 뜻이다.

- 실속이 없어도 화려하면 丙火는 기쁘다.

- 자기 속성대로 살면 행복하다.

- 내가 좋아하는 것을 상대방은 싫어할 수도 있다.

- 상대방이 좋아하는 것을 나는 싫어할 수도 있다.

- 사람은 태어날 때 주어진 각자의 색안경으로 세상을 본다.

- 나의 색안경으로 보는 세상만이 옳은 것은 아니다.

未월 己土

- 己土는 더 응축 더 하강하는 丁火의 운동을 억제하고, 확산 상승 운동하는 辛金을 돕는다.

- 未월에 己土는 12운성 양이다.

- 己土가 뱃속에서 자라는 시기이다.

- 뱃속의 아이는 많은 사람의 보호가 필요하다.

- 己土는 응축 하강을 확산 상승으로 바꾼다.

- 戊土는 확산 상승을 응축 하강으로 바꾼다.

- 己土는 巳午未에서 절·태·양이다.

- 절·태·양에서는 찾는 사람이 없으니 한가하다.

- 절·태·양에서는 휴식, 휴가, 여행, 공부 등 충전을 하면 좋다.

- 일할 때 일하고, 쉴 때 쉬어야 한다.

- 록·왕·쇠에서 일하고, 절·태·양에서 쉬어야 한다.

- 무작정 노력한다고 좋은 것은 아니다.

- 운의 흐름에 맞춰 살아야 효율을 높일 수 있다.

- 모든 일은 때가 있다.

- 때를 놓치면 안 된다.

- 편관 乙木은 안으로 들어가며 응축 하강하는 속성이 있다.

- 乙木은 안으로 들어가며 활동하니 밖에서 보이지 않는다.

- 乙木은 庚金과 짝을 이뤄 함께 다닌다.

- 밖에서는 庚金이 활동하고, 안에서는 乙木이 활동한다.

- 편관 乙木은 월지 未에서 관대이다.

- 乙木이 관대로 힘을 얻으니 응축 하강 운동이 심해진다.

- 관대는 건록 · 제왕보다는 그릇이 작다.

- 관대는 교육을 마치고 이제 독립하는 시기이다.

- 편관은 정관보다 엄격함, 단정함, 신속함, 살벌함이 있다.

- 월지 未는 여름에서 가을로 전환되는 시기이다.

- 확산 상승 운동이 응축 하강 운동으로 바뀌는 때이다.

- 월간 식신 辛金은 월지 未에서 12운성 묘이다.

- 12운성 묘는 퇴근해서 잠을 자려는 시기이다.

- 시작이 있으면 끝이 있다.

●식상은 하고 싶은 일을 하는 것이다.

●식상에는 식신과 상관이 있다.

●식신이 전문점이라면, 상관은 백화점식이다.

●식신이 대학교수라면, 상관은 초등학교 교사이다.

가을철 己土

申월 己土

時	日	月	年
○	己	○	○
○	○	申	○

●申월에는 庚金과 乙木이 건록이다.

●庚金과 乙木 중에서 천간에 투한 글자를 격으로 잡는다.

●己土는 음간이므로 밖에서 안으로 들어가는 운동을 한다.

●안에서 할 수 있는 일은 주로 두뇌를 쓰는 일이다.

●그러나 실내에서도 손발을 쓰는 경우가 있다.

●음(陰) 중 양이다.

●己土는 더 응축 더 하강하는 丁火의 운동을 억제하고, 확산 상승

운동하는 辛金을 돕는다.

●일간 己土는 월지 申에서 12운성 장생이다.

●己土는 申월에 아직은 어린아이와 같다.

●어린아이는 윗사람의 도움이 필요하다.

●독립은 힘드니 월급 생활을 하면 좋다.

●己土는 丁火처럼 亥子丑에서 록·왕·쇠로 활약한다.

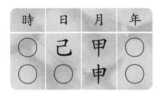

●월간 정관 甲木은 월지 申에서 12운성 절이다.

●申월은 庚金이 건록으로 힘이 강하다.

●庚金이 힘이 있으니 응축 하강 운동이 본격화된다.

●甲木은 庚金과는 반대편에 있다.

●甲木은 申월에 할 일이 없다.

●申월에는 응축 하강 운동이 일어나기 때문이다.

●할 일이 없을 때는 휴식하며 충전하면 좋다.

●절·태·양은 휴식하는 시기이다.

●한직(閑職)으로 가서 지내는 것도 좋다.

●자연의 법을 어기면 몸과 마음에 문제가 생긴다.

●사업에 실패하거나 건강을 잃을 수도 있다.

時	日	月	年
○	己	壬	○
○	○	申	○

●정재 壬水는 밖으로 나오며 더 응축 더 하강하는 속성이 있다.

●壬水는 월지 申에서 장생이다.

●장생은 어린아이와 같다.

●어린아이는 혼자 독립할 수 없다.

●보호자가 필요하다.

●정재는 재의 흐름이 안정감이 있다.

●편재처럼 재의 흐름이 들쑥날쑥하지 않는다.

●편재, 편관, 편인은 기복이 심하다.

●잘될 때와 안 될 때의 차이가 심하다.

●굴곡이 심한 것이 편재, 편관, 편인이다.

●반면에 정재, 정관, 정인은 안정감이 있다.

酉월 己土

●酉월에는 庚金과 乙木이 제왕이다.

●庚金과 乙木 중에서 천간에 투한 글자를 격으로 잡는다.

●酉월 己土는 12운성 목욕이다.

●목욕은 장생을 지나 어린아이의 티를 벗는 시기이다.

●청소년과 같다.

●목욕의 시기가 지나면 관대가 되어 독립하게 된다.

●己土는 음간이므로 밖에서 안으로 들어가는 운동을 한다.

●己土는 더 응축 더 하강하는 丁火의 운동을 억제하고, 확산 상승
　운동하는 辛金을 돕는다.

●己土가 목욕에 이르니 점점 할 일이 많아진다.

●己土는 亥子丑 록·왕·쇠로 갈수록 할 일이 많아진다.

●己土는 巳午未에서는 절·태·양으로 할 일이 없다.

●각 천간의 속성과 운의 흐름을 따라야 탈이 없다.

●월간 식신 辛金은 월지 酉에서 12운성 태이다.

●乙丁己辛癸 음간은 음운동을 한다.

●음운동은 밖에서 안으로 들어가는 활동을 한다.

●음간들은 힘을 받을수록 안으로 깊이 들어간다.

●안으로 들어가며 확산 또는 응축 운동을 한다.

●안으로 들어간다고 무조건 응축 하강 운동을 하는 것이 아니다.

●辛金과 癸水는 힘을 받으면 안에서 확산 상승 운동을 한다.

●식신 辛金은 안으로 들어가며 확산 상승 운동을 한다.

●절·태·양에서는 할 일이 없으니 여유가 생긴다.

●여유가 생길 때는 휴식, 여행, 잠을 자며 충전할 수 있다.

●酉월은 응축 하강 운동이 본격적으로 일어나는 시기이다.

●확산 상승 운동을 하는 辛金은 할 일이 없는 시기이다.

●편인 丁火는 일간 己土와 12운성을 같이 쓴다.

●丁火가 화롯불이라면 己土는 화로이다.

- 丁火가 장작불이라면 己土는 구들장이다.

- 土는 火를 조절 통제한다.

- 火와 土가 다르지만 火土동법을 사용하는 이유이다.

- 그렇다고 火와 土가 같은 것은 아니다.

- 편인 丁火는 酉월에 12운성 목욕이다.

- 목욕은 취직 준비를 하는 취업 준비생과 같다.

- 己土와 丁火는 亥子丑에서 록·왕·쇠이다.

- 록·왕·쇠에서는 찾는 사람이 많아서 일거리가 많다.

- 록·왕·쇠에서 커지는 천간도 있고 작아지는 천간도 있다.

- 록·왕·쇠에서 하강하는 천간도 있고 상승하는 천간도 있다.

- 천간마다 속성이 다르니 외형만 보고 판단하면 안 된다.

戌월 己土

時	日	月	年
○	己	○	○
○	○	戌	○

- 己土는 더 응축 더 하강하는 丁火의 운동을 억제하고, 확산 상승 운동하는 辛金을 돕는다.

- 戌월은 가을에서 겨울로 가는 시기이다.

- 己土는 戌에서 관대이다.

- 관대는 공부를 마치고 독립하는 시기이다.

- 이제 홀로 설 수 있다.

- 입대, 입학 등 새로운 환경으로 들어가는 시기이다.

- 새로운 환경에 적응하는 일은 쉬운 것이 아니다.

- 힘을 빼고 선배들의 경험을 배우는 자세가 필요하다.

- 월간 겁재 戊土는 월지 戌에서 12운성 묘이다.

- 戌에서 일간 己土는 관대이고, 월간 戊土 겁재는 묘이다.

- 己土와 戊土는 반대로 운동한다.

- 서로 활동하는 영역이 다르다.

- 누구와 싸울 때는 자기 안방이 유리하다.

- 상대방 영역으로 끌려가면 불리하다.

- 싸움은 피하는 것이 최고이다.

- 戊土는 丙火의 더 확산 더 상승 운동을 멈추게 하고, 응축 하강 운동하는 庚金을 돕는다.

- 반대로 己土는 더 응축 더 하강하는 丁火의 운동을 억제하고, 확산 상승 운동하는 辛金을 돕는다.

● 자기의 속성을 지키면서 경쟁하면 유리하다.

● 자기의 속성을 지키면서 경쟁하면 유리하다.

● 己土는 亥子丑에서 록·왕·쇠이고, 戊土는 巳午未에서 록·왕·쇠
이다.

● 戌은 가을에서 겨울로 가는 환절기이다.

● 庚金에서 壬水로, 乙木에서 丁火로 배턴이 넘어간다.

● 월간 상관 庚金은 월지 戌에서 12운성 쇠이다.

● 12운성 쇠는 은퇴한 시기이다.

● 은퇴한 후에는 일을 줄이며 여유를 누리면 좋다.

● 성공과 실패는 다른 곳에 있는 것이 아니다.

● 글자의 속성과 운의 흐름을 지켜야 한다.

● 팔자 원국에서 그릇의 종류와 크기를 알 수 있다.

● 원국이 크고 화려하다고 좋은 것은 아니다.

● 태어날 때 주어진 각자의 역할이 있다.

● 영화를 만들 때는 주연도 조연도 엑스트라도 모두 필요하다.

● 누구나 주어진 자기의 역할을 잘하면 된다.

● 신발도 필요한 시기에 용도에 맞는 신발을 신어야 한다.

- 필요할 때 사용하는 글자를 용신이라고 한다.

- 용신은 질문의 내용에 따라 달라진다.

- 용신은 시간과 장소에 따라 달라진다.

겨울철 己土

亥월 己土

- 亥월에는 壬水와 丁火 그리고 己土가 건록이다.

- 壬水와 丁火, 己土 중에서 천간에 투한 글자를 격으로 잡는다.

- 亥월은 더 응축 더 하강이 일어나는 시기이다.

- 천간과 지지의 관계에서는 지지가 천간을 통제한다.

- 천간은 지지에 따른다.

- 마음이나 생각보다 현실이 우선이다.

- 戊土는 巳午未에서 록·왕·쇠로 일이 많다.

- 己土는 亥子丑에서 록·왕·쇠로 일이 많다.

●일간 己土는 월지 亥에서 건록으로 할 일이 많다.

●편인 丁火는 일간 己土처럼 월지 亥에서 건록이다.

●편인격이다.

●관대에서 시작해서 건록과 제왕일 때 일이 가장 많다.

●운이 왔을 때는 힘들어도 열심히 일해야 한다.

●丁火와 己土는 亥子丑에서 록·왕·쇠이다.

●丁火는 어둠을 밝히는 촛불이고, 추위를 녹이는 난로이다.

●촛불이나 난로는 크거나 화려하지 않다.

●그러나 어둠과 추위 속에서는 꼭 필요한 존재이다.

●크고 높고 화려한 것만 좋은 것은 아니다.

●亥子丑에서는 丁火나 己土가 필요하다.

●巳午未에서는 丙火와 戊土가 필요하다.

●음지에서 일하는 사람들을 무시하면 안 된다.

- 월간 편관 乙木은 안으로 들어가며 응축 하강하는 속성이 있다.

- 편관 乙木은 담쟁이처럼 친화력과 사교성이 좋다.

- 乙木은 申酉戌에서 록왕쇠로 왕성하게 활동한다.

- 乙木은 亥子丑에서 병·사·묘이다.

- 월간 乙木 편관은 월지 亥에서 병이다.

- 亥子丑의 환경은 변두리, 시골, 밤, 겨울이다.

- 병·사·묘는 퇴근하는 시기와 같다.

- 퇴근할 때는 일을 줄여가야 한다.

- 태어날 때 주어지는 시간표에 따라 각자의 역할이 다르다.

- 다른 사람의 삶을 따라하면 안 된다.

- 자기만의 길을 가야 한다.

子월 己土

●子월에는 壬水와 丁火 그리고 己土가 제왕이다.

●壬水와 丁火, 己土 중에서 천간에 투한 글자를 격으로 잡는다.

●지지는 살아가는 시간과 공간이다.

●己土는 더 응축 더 하강하는 丁火의 운동을 억제하고, 확산 상승
  운동하는 辛金을 돕는다.

●천간마다 고유의 속성이 있고, 제자리가 있다.

●등산화, 운동화, 구두, 슬리퍼는 모두 신어야 할 시기와 장소가 있다.

●제자리에서 자기의 역할을 하면 탈이 없다.

●己土는 월지 子에서 제왕이다.

●제왕에서 할 일이 가장 많다.

●己土는 작고 춥고 어두운 시간과 공간으로 가야 할 일이 많아진다.

●월간 정재 壬水는 밖으로 나오며 더 응축 더 하강하는 속성이 있다.

●庚金이 시작한 응축 하강은 壬水에서 더 응축 더 하강이 된다.

●子월에 壬水는 제왕이다.

●정재격이다.

●壬水 정재를 더 응축 더 하강하는 모습처럼 사용해야 한다.

●응축 하강하면 외형 위주보다는 실속 위주가 된다.

- 일간 己土와 壬水는 12운성을 같이 쓴다.
- 壬水는 밖으로 나오면서 활동하고, 己土는 안으로 들어가면서 활동한다.
- 안과 밖, 즉 자기의 위치를 지켜야 한다.
- 성패는 팔자 자체에 있는 것이 아니다.
- 글자의 속성과 시간, 장소를 지켜야 한다.

- 월간 정관 甲木은 밖으로 나가면서 확산 상승하는 속성이 있다.
- 甲木은 월지 子에서 목욕이다.
- 정관의 크기에도 종류와 등급이 있다.
- 목욕은 아직 혼자 독립할 시기는 아니다.
- 마음과 현실은 다르다.
- 현실 상황을 잘 파악하는 것이 중요하다.
- 子水는 어둡고 추운 공간이다.
- 변두리나 지방에서 조직 생활을 하면 좋다.
- 정관은 법과 질서를 잘 지킨다.
- 편관은 정관보다 더 엄격하게 법과 질서를 지킨다.

丑월 己土

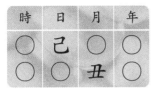

●일간 己土는 월지 丑에서 12운성 쇠이다.

●쇠는 은퇴한 시기이다.

●己土는 기존에 하던 일을 줄여가는 것이 좋다.

●하나의 일을 마무리하고 새로운 일을 찾아야 한다.

●기존에 해왔던 일을 계속하면 안 된다.

●물러나야 할 때는 물러나야 한다.

●대체로 辰戌丑未에서 변화가 일어난다.

●丑은 겨울에서 봄이 되는 환절기이다.

●겨울옷이 아무리 좋아도 봄이 오면 봄옷으로 바꿔 입어야 한다.

●운에 맞춰서 자기 생각을 바꿔야 한다.

●지지 현실을 보면서 천간 마음을 바꾸어야 한다.

●현실은 쉽게 바꿀 수 없지만, 생각은 쉽게 바꿀 수 있다.

時	日	月	年
◯	己	辛	◯
◯	◯	丑	◯

●월간 辛金 식신은 안으로 들어가며 확산 상승하는 속성이 있다.

●확산 상승은 봄·여름에 일어난다.

●월지 丑은 겨울에서 봄으로 넘어가는 환절기이다.

●월간 식신 辛金은 월지 丑에서 관대이다.

●관대는 독립하여 홀로서기를 하는 때이다.

●음간은 밖에서 안으로 들어가는 운동을 한다.

●음간은 보이지 않으니 무시하기 쉽다.

●보이지 않는 음을 알아야 한다.

●명리학은 음양의 학문이다.

●음양을 알면 명리의 절반을 알게 된다.

時	日	月	年
◯	己	癸	◯
◯	◯	丑	◯

●편재 癸水는 월지 丑에서 12운성 양이다.

●양은 뱃속에서 길러지고 있는 때이다.

●윗사람들의 많은 보살핌이 있어야 한다.

●편재 癸水는 안으로 들어가며 더 확산 더 상승하는 속성이 있다.

●壬水가 더 응축 더 하강하면 癸水는 더 확산 더 상승한다.

●나가면 들어오고, 올라가면 내려오는 것이 음양 운동이다.

●확산 상승 운동은 봄·여름에 강하게 일어난다.

●癸水는 여름철 巳午未에서 록·왕·쇠이다.

●록·왕·쇠는 일이 가장 많은 시기이다.

●일할 수 있을 때 일해야 한다.

●기회는 자주 오는 것이 아니다.

庚金 정리

봄철 庚金

寅월 庚金

時	日	月	年
○	庚	○	○
○	○	寅	○

- 寅월에는 甲木과 辛金이 건록이다.

- 甲木과 辛金 중에서 천간에 투한 글자를 격으로 잡는다.

- 寅월은 확산 상승이 시작되는 시기이다.

- 일간 庚金은 밖으로 나가며 응축 하강하는 속성이 있다.

- 천간은 지지에 복종해야 한다.

- 庚金은 월지 寅에서 12운성 절이다.

- 절에서는 할 일이 없으니 휴식, 충전을 취하면 좋다.

- 항상 일만 할 수는 없다.

- 휴식, 충전하며 잠도 자야 한다.

- 절·태·양은 고위직으로 승진을 의미하기도 한다.

- 할 일이 줄어든다는 의미이다.

- 교사보다는 교감, 교감보다는 교장의 일이 적다.

- 상담할 때 답변은 질문에 초점을 맞춘다.

- 질문에만 답을 하면 된다.

- 묻지 않은 답을 해서는 안 된다.

- 질문이 없으면 답도 있을 수 없다.

- 식신 壬水는 밖으로 나가며 더 응축 더 하강하는 속성이 있다.

- 壬水는 庚金보다 응축 하강하는 속성이 더 강하다.

- 천간만 보았을 때는 壬水가 庚金의 선배이다.

- 壬水는 寅월에 12운성 병이다.

- 壬水는 봄이 되면 병·사·묘로 퇴근해야 한다.

- 모든 일에는 때가 있으니 시기에 맞춰 적절하게 행동해야 한다.

- 겨울에 씨를 뿌려서는 안 된다.

- 실패의 원인은 노력의 부족 탓이 아니다.

- 때〔運〕를 놓쳤기 때문이다.

- 운의 흐름을 보며 내 뜻을 펼쳐야 한다.

時	日	月	年
○	庚	甲	○
○	○	寅	○

●편재 甲木은 월지 寅에서 건록이다.

●편재격이다.

●甲木은 확산 상승 운동을 한다.

●甲木은 양간이므로 안에서 밖으로 나오며 활동한다.

●봄을 木의 계절이라고 한다.

●정확히 말하면 봄은 甲木의 계절이다.

●일간 庚金은 寅에서 절이고, 편재 甲木은 건록이다.

●편재라고 모두 같은 것이 아니다.

●확산하는 편재도 있고, 응축하는 편재도 있다.

●편재의 모습은 천간의 속성과 12운성을 통해 파악할 수 있다.

●십신보다 천간 지지 중심의 공부가 먼저이다.

卯월 庚金

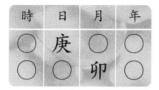

- ●卯월에는 甲木과 辛金이 제왕이다.

- ●甲木과 辛金 중에서 천간에 투한 글자를 격으로 잡는다.

- ●卯월 庚金은 12운성 태이다.

- ●卯월에는 甲木이 제왕이고, 庚金은 태이다.

- ●제왕과 태는 음양 관계로 반대쪽에 위치한다.

- ●음양은 시소의 양쪽처럼 반대로 움직인다.

- ●태의 시기에는 보이지 않는 곳에서 조용히 살아가면 좋다.

- ●실패는 지킬 것을 지키지 않았을 때 온다.

- ●팔자 자체에 성공과 실패가 있는 것이 아니다.

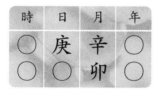

- ●월간 겁재 辛金은 월지 卯에서 제왕이다.

- ●격은 팔자에서 가장 강한 세력을 말한다.

- ●겁재의 세력이 왕성하니 겁재격이다.

●庚金과 辛金을 구분해야 한다.

●庚金이 응축 하강하면, 辛金은 확산 상승한다.

●확산하면 응축하고, 상승하면 하강하는 것이 자연의 법칙이다.

●공을 높이 던지면 올라간 만큼 내려온다.

●일과 휴식도 균형을 이루어야 오래 할 수 있다.

●辛金은 寅卯辰에서 록·왕·쇠이다.

●밖에서는 甲木이 활동하고, 안에서는 辛金이 활동한다.

●월간 정인 己土는 더 응축 더 하강하는 丁火의 운동을 억제하고, 확산 상승 운동하는 辛金을 돕는다.

●寅卯辰에서는 확산 상승 운동이 일어난다.

●己土는 寅卯辰에서 병·사·묘로 일을 줄여가야 한다.

●병·사·묘 때에는 기존의 일을 확장하면 안 된다.

●병·사·묘에서는 일을 마무리해야 한다.

●지지 현실이 변하면 생각도 바꿔야 한다.

●변화가 두렵지만 변하지 않으면 살 수 없다.

辰월 庚金

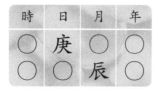

- ●辰월은 봄에서 여름으로 가는 환절기이다.

- ●확산 상승 활동이 더욱 강해지는 시기이다.

- ●辰월 庚金은 12운성 양이다.

- ●응축 하강하는 庚金은 아직 뱃속에 있다.

- ●卯에서 잉태한 庚金은 辰에서 양이다.

- ●양의 시기는 너무 어려서 윗사람의 보호가 필요하다.

- ●독립은 불가하니 월급 생활이 좋다.

- ●辰은 봄에서 여름으로 가는 시기이다.

- ●월간 식신 壬水는 월지 辰에서 12운성 묘이다.

- ●壬水는 밖으로 나오며 더 응축 더 하강하는 속성이 있다.

- ●확산 상승하는 辰월에는 壬水가 더 할 일이 거의 없다.

- ●더 할 일이 없으니 휴식을 취해야 한다.

- 휴식을 취하면서 새로운 구상을 하면 좋다.

- 정신적인 종교, 삶과 죽음, 사상 등에 관심을 가져도 좋다.

- 식신과 상관은 자기가 하고 싶은 일이다.

- 식신은 깊이가 있고, 상관은 폭이 넓다.

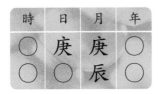

- 비견은 나와 같은 방향으로 나아가는 친구, 동료, 형제와 같다.

- 비견은 같은 교실에 있는 친구나 같은 종목 육상 선수와 같다.

- 비견이 있으면 나의 실력 향상에 도움이 된다.

- 혼자 달리는 것보다 친구가 있으면 기록이 더 좋아진다.

- 그래서 모든 교육이나 훈련은 비견들과 함께 실시한다.

- 庚金이 하나 더 있으니 응축 하강이 더 빨리 일어난다.

- 일간과 월간 庚金은 월지 辰에서 양이다.

- 양은 뱃속에 있는 아이와 같다.

- 양의 시기에는 혼자 일을 할 수 없다.

- 윗사람의 도움을 받아야 한다.

여름철 庚金

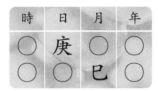
巳월 庚金

時	日	月	年
○	庚	○	○
○	○	巳	○

- 庚金은 밖으로 나오며 응축 하강하는 속성이 있다.

- 巳월에는 丙火와 戊土 그리고 癸水가 건록이다.

- 丙火와 戊土, 癸水 중 천간에 투한 글자를 격으로 잡는다.

- 巳월에는 확산과 상승이 더욱 활발해진다.

- 일간 庚金은 월지 巳에서 장생이다.

- 장생은 어린아이와 같아 윗사람의 보호를 받아야 한다.

- 자연은 미리 준비하고 대비한다.

- 잉태한 후 출산하고 교육한 후 사회에 내보낸다.

- 사람도 자연의 법을 따라야 한다.

- 단계를 건너뛰지 않아야 한다.

- 자연의 법을 따르면 실패 확률이 낮아진다.

- 서두른다고 될 일이 아니다.

- 봄에서 여름을 건너뛰고 가을이 올 수는 없다.

- 월간 상관 癸水는 안으로 들어가며 더 확산 더 상승하는 속성이 있다.

- 상관 癸水는 월지 巳에서 건록이다.

- 상관격이다.

- 글자의 속성을 지키며 운에 따라 사용하면 탈이 없다.

- 성패가 팔자 자체에 있는 것이 아니다.

- 팔자를 보고 성패를 말해서는 안 된다.

- 물건 자체가 좋거나 나쁘다고 말할 수는 없다.

- 적재적소에서 제대로 잘 사용하면 된다.

- 예를 들면 칼 자체만으로 좋거나 나쁘다고 할 수 없다.

- 필요할 때 필요한 장소에서 용도에 맞는 칼을 쓰면 된다.

- 월간 정재 乙木은 안으로 들어가며 응축 하강하는 속성이 있다.

- 甲木이 확산 상승하면, 乙木은 응축 하강한다.

- 乙木과 庚金은 손등과 손바닥처럼 음양의 짝이다.

- 庚金은 안에서 밖으로 나가는 운동을 한다.

- 乙木은 밖에서 안으로 들어가는 운동을 한다.

- 음간은 힘이 강해질수록 안으로 들어가니 보이지 않는다.

- 보이지 않는 음간을 잘 알아야 음양을 알았다고 할 수 있다.

- 월간 乙木은 월지 巳에서 장생이다.

- 장생은 태어난 아이와 같이 돌봄이 필요하다.

- 돌봄이 필요하니 등급이나 직위는 낮다.

- 직위가 높은 것만이 좋은 것은 아니다.

- 태어날 때 주어진 그릇의 종류와 크기대로 살아가면 된다.

- 명리는 팔자를 통해 제자리를 찾는 공부이다.

- 채송화나 해바라기도 각각의 역할이 있다.

- 좋고 나쁨의 차이가 아닌 다름일 뿐이다.

午월 庚金

- 午월에는 丙火와 戊土 그리고 癸水가 제왕이다.

- 丙火와 戊土, 癸水 중에서 천간에 투한 글자를 격으로 잡는다.

- 午월에는 확산이 극에 달하는 때이다.

- 일간 庚金은 월지 午에서 목욕이다.

- 목욕은 성장하는 청소년과 같다.

- 목욕에서는 더 배우고 익혀야 한다.

- 아직은 때가 아니므로 서두르면 안 된다.

- 午에서는 丙火와 戊土 그리고 癸水가 제왕이다.

- 원국에서는 월지와 동주의 지지로 그릇의 크기를 판단한다.

- 운에서는 운의 지지를 잘 살펴 운의 상황을 판단한다.

- 현실을 떠나 생각만으로는 살 수 없다.

- 현실에 기반을 두고 일을 해나가야 한다.

- 음이 양을 통제한다는 것을 잊어서는 안 된다.

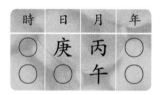

- 월간 편관 丙火는 더 확산 더 상승하는 속성이 강하다.

- 편관 丙火는 午월에 제왕이다.

- 편관격(칠살격)이다.

- 더 확산 더 상승하는 편관이다.

- 팔자 자체에 성패가 있는 것이 아니다.

- 무조건 열심히 한다고 이루어지는 것이 아니다.

- 글자의 속성을 반드시 지켜야 한다.

- 지킬 것을 지키면 문제가 생기지 않는다.

- 편관은 정관에 비하여 굴곡이 심하다.

- 일이 있을 때와 없을 때 편차가 크다.

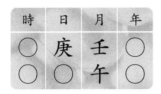

- 월간 식신 壬水는 밖으로 나오며 더 응축 더 하강하는 속성이 있다.

- 월지 午는 확산 상승이 강한 시기이니 壬水는 할 일이 없다.

- 壬水는 월지 午에서 12운성 태이다.

- 절·태·양에서는 찾는 사람이 없어서 시간적 여유가 많다.

- 절·태·양의 시기에는 휴식, 충전하면 좋다.

- 절·태·양에서 드러나서 일하려고 하면 안 된다.

- 지지 현실을 보며 뜻을 펼쳐야 한다.

- 그냥 열심히 한다고 성취되는 것은 아니다.

- 때와 장소를 지켜야 한다.

- 때와 장소를 나타내는 것이 지지이다.

未월 庚金

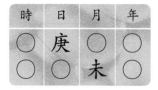

●未월은 여름에서 가을로 가는 환절기이다.

●辰戌丑未는 초기와 말기의 기운이 다르다.

●辰戌丑未는 처음과 끝이 다르므로 일관성이 없다.

●庚金은 밖으로 나가며 응축 하강하는 속성이 있다.

●일간 庚金은 월지 未에서 관대이다.

●관대의 시기는 새로운 환경으로 새출발이다.

●관대는 의욕은 있지만 경험이 부족한 시기이다.

●입학, 입대, 취직 등이다.

●새로운 세계를 배운다는 자세로 임하면 좋다.

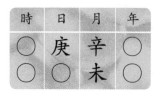

●월간 辛金 겁재는 월지 未에서 12운성 묘이다.

●일간 庚金은 未에서 관대이다.

●辛金은 안으로 들어가며 확산 상승하는 속성이 있다.

●일간 庚金은 밖으로 나가며 응축 하강하는 속성이 있다.

●庚金과 辛金은 정반대로 운동한다.

●그래서 겁재와의 경쟁은 치열하다.

●일간 庚金은 양간이고, 겁재 辛金은 음간이다.

●서로 활동하는 영역이 다르고 강약도 다르다.

●겁재와 대적할 때는 유리한 시간과 장소를 잘 골라야 한다.

●유리한 시간과 장소는 지지로 판단할 수 있다.

●寅卯辰에서는 辛金이 록·왕·쇠이고, 申酉戌에서는 庚金이 록·
  왕·쇠이다.

●월간 정인 己土는 더 응축 더 하강하는 丁火의 운동을 억제하고,
  확산 상승 운동하는 辛金을 돕는다.

●정인 己土는 월지 未에서 12운성 양이다.

●양은 아직은 어리니 자립이나 독립은 안 된다.

●태·양·장생·목욕 등은 윗사람의 도움이 필요한 시기이다.

●태·양·장생·목욕의 순서로 일이 많아진다.

●인성은 받는 것에 익숙하다.

●학문, 상속 등도 받는 것에 속한다.

- 받는 것은 기분 좋은 일이다.

- 정인은 따뜻한 밥처럼 따뜻함이 있다.

- 편인은 찬밥처럼 따뜻함이 없다.

가을철 庚金

申월 庚金

- 申월에는 庚金과 乙木이 건록이다.

- 庚金과 乙木 중에서 천간에 투한 글자를 격으로 잡는다.

- 건록격이다.

- 양인격이나 건록격은 일간과 월지의 관계이다.

- 申월 庚金은 건록격이고, 酉월 庚金은 양인격이다.

- 가을철은 金의 계절이 아니고 庚金의 계절이다.

- 庚金이 록·왕·쇠로 활동하니 응축 하강 운동이 활발해진다.

- 외부가 굳고 단단해지기 시작한다.

●申월에 내부에서는 乙木이 건록으로 활동한다.

●庚金 때문에 겉은 단단하고, 乙木 때문에 속은 부드럽다.

●수수깡이나 골다공증과 같다.

●겉만 보고 판단할 일이 아니다.

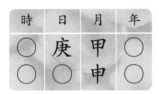

●월간 편재 甲木은 확산 상승의 속성이 있다.

●편재 甲木은 월지 申에서 12운성 절이다.

●절은 단절되어서 보이지 않는 시기이다.

●절의 시기에는 여행, 휴식, 공부, 충전 등을 하면 좋다.

●봄옷은 가을에는 장롱 속에 있어야 한다.

●가을 申酉戌에서 편재 甲木의 확산 상승 활동은 불가능하다.

●무작정 열심히 한다고 이룰 수 있는 것은 아니다.

●때와 장소를 지켜야 한다.

●때와 장소는 지지를 보고 알 수 있다.

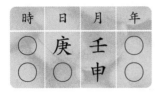

- 壬水는 밖으로 나오며 더 응축 더 하강한다.

- 더 응축 더 하강하는 식신 활동을 해야 한다.

- 외형보다는 실속을 추구하는 식신 활동이 좋다.

- 월간 식신 壬水는 월지 申에서 장생으로 어린아이와 같다.

- 장생에서는 윗사람의 도움이 필요하다.

- 사업을 한다면 프랜차이즈나 체인점이 좋다.

- 남 밑에서 일하는 직장인이 좋다.

- 직급이나 계급이 낮다고 나쁘다고 하면 안 된다.

- 태어날 때 각자에게 주어진 역할이 있다.

- 자기 분수를 지키며 살 때 행복하다.

酉월 庚金

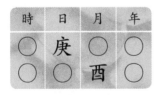

- 酉월에는 庚金과 乙木이 제왕이다.

●庚金과 乙木 중에서 천간에 투한 글자를 격으로 잡는다.

●酉월의 庚金은 양인격이다.

●양인의 용어에는 지나치다는 부정적인 의미가 있다.

●사람은 사회적 동물이므로 남을 배려하며 살아야 한다.

●만물은 스스로 기(氣)를 발산한다.

●해바라기는 해바라기의 기를 발산한다.

●채송화는 채송화의 기를 발산한다.

●사람도 언행이나 표정, 몸짓 등으로 자기만의 기를 발산한다.

●현실을 무시한 꿈은 헛생각에 불과하다.

●지지 현실을 보며 천간의 뜻을 펼쳐야 한다.

●庚金과 乙木은 손바닥과 손등처럼 함께 다닌다.

●함께 일하고 함께 휴식한다.

●일간 庚金과 乙木은 酉월에 제왕이다.

●정재격이다.

●양간인 庚金은 밖으로 나오며 응축 하강한다.

●음간인 乙木 정재는 안으로 들어가며 응축 하강한다.

●정재는 편재와 달리 안정감이 있다.

● 십신이 직업을 의미하는 것이 아니다.

● 조직이 크면 모든 십신이 모여 있다.

● 십신은 직업이 아닌 성향을 나타낸다.

● 관성은 법과 질서를 잘 지키는 성향이다.

● 법과 질서를 잘 지키는 사람은 어느 집단에나 있다.

● 팔자로 직업을 알아맞히려는 노력은 쓸데없는 짓이다.

● 십신보다 천간 지지의 속성이 우선이다.

● 기본의 중요성을 알아야 한다.

● 글자의 속성을 지키지 않으면 아무리 노력해도 실패할 가능성이
  크다.

● 월간 정인 己土는 더 응축 더 하강하는 丁火의 운동을 억제하고,
  확산 상승 운동하는 辛金을 돕는다.

● 己土는 월지 酉에서 목욕이다.

● 목욕은 사회에 진출하기 위해 공부하는 청소년과 같다.

● 목욕의 시기에는 누군가의 밑에서 배우는 것이 좋다.

● 누구에게 배우는지도 중요하다.

● 선생님을 선택하는데 많은 시간을 쏟아야 한다.

- 처음에 제대로 배워야 한다.

- 일간 庚金은 월지 酉에서 제왕이다.

- 酉월의 庚金은 양인이라고 한다.

- 양인은 독단적일 수 있다는 부정적인 의미가 있다.

戌월 庚金

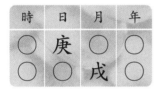

- 戌월은 가을에서 겨울로 넘어가는 환절기이다.

- 庚金이 壬水에게 배턴을 넘기는 시기이다.

- 응축 하강 운동이 더 응축 더 하강 운동으로 바뀐다.

- 응축 하강이 강해지면 외형은 볼품이 없어진다.

- 응축 하강이 강해지면 실속이 생긴다.

- 확산 상승과 응축 하강이 동시에 일어날 수는 없다.

- 천간 지지 글자의 속성을 따르는 것이 중요하다.

- 천간 마음을 지지 현실을 보면서 조절해 가야 한다.

● 월간 편관 丙火는 월지 戌에서 12운성 묘이다.

● 丙火는 밖으로 나오며 더 확산 더 상승하는 속성이 있다.

● 丙火의 확산 상승하는 모습은 지지의 통제를 받는다.

● 무조건 천간만 믿고 행동해서는 안 된다.

● 지지를 보며 천간의 마음을 조절해야 한다.

● 천간과 지지의 관계를 보는 것이 12운성이다.

● 과거의 12운성표는 보이지 않는 음간을 무시했다.

● 음과 양은 밤과 낮처럼 50 대 50으로 대등하다.

● 음과 양은 좋고 나쁨이 없다.

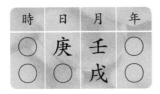

● 월간 식신 壬水는 밖으로 나가며 더 응축 더 하강하는 속성이 있다.

● 庚金이 壬水를 보면 능력 있는 선배를 만난 것과 같다.

● 壬水의 응축 하강하는 능력이 庚金보다 뛰어나기 때문이다.

● 팔자 원국에는 그릇의 종류와 크기가 나와 있다.

● 원국에서 정해진 그릇의 종류와 크기는 변하지 않는다.

● 한번 해바라기로 태어나면 씨가 되어도 해바라기이다.

● 운에 의해서 해바라기의 모습이 변할 뿐이다.

● 월간 壬水는 월지 戌에서 12운성 관대이다.

● 관대는 장생이나 목욕보다 힘이 강하다.

● 관대는 건록이나 제왕보다는 힘이 약하다.

● 더 응축 더 하강하는 식신 활동이어야 한다.

● 더 응축 더 하강은 외형보다는 실속을 추구한다.

겨울철 庚金

亥월 庚金

時	日	月	年
○	庚	○	○
○	○	亥	○

● 亥월에는 壬水와 丁火 그리고 己土가 건록이다.

● 壬水와 丁火, 己土 중에서 천간에 투한 글자를 격으로 잡는다.

● 庚金은 밖으로 나오며 응축 하강하는 속성이 있다.

● 庚金은 월지 亥에서 12운성 병이다.

- 12운성 병·사·묘는 퇴근하는 시기와 같다.

- 퇴근할 때 일을 시작하거나 확대해서는 안 된다.

- 퇴근할 때는 마무리하고 물러나면 된다.

- 봄·여름·가을·겨울의 변화가 자연의 법이다.

- 아침·낮·저녁·밤의 변화가 자연의 법이다.

- 출근해서 일하고, 퇴근해서 잠자는 것이 자연의 법이다.

- 자연의 법을 따르면 자연스러운 삶이 된다.

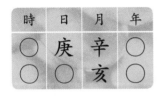

- 월간 겁재 辛金은 안으로 들어가며 확산 상승하는 속성이 있다.

- 겁재 辛金은 월지 亥에서 장생이다.

- 겁재는 소송, 도박, 싸움, 시합, 결투의 상대와 같다.

- 비견보다 이기겠다는 오기와 집념이 강하다.

- 형제나 자매라도 유산 싸움을 하면 겁재이다.

- 일간과 겁재는 반대 방향으로 운동한다.

- 천간의 고유 속성은 언제, 어디서나 변하지 않는다.

- 하늘이 준 천간의 고유 속성을 먼저 파악해야 한다.

- 辛金은 亥子丑에서 생·욕·대로 확산 상승을 시작한다.

- 생·욕·대는 일을 시작하며 준비하는 기간이다.

●생·욕·대는 취직하기 전 학교를 다니면서 공부하는 시기와 같다.

●庚金은 亥에서 병이고, 겁재 辛金은 장생이다.

●庚金은 응축 하강하고, 辛金은 확산 상승한다.

●겁재라고 무조건 나쁜 것이 아니다.

●운의 흐름을 따르면 탈이 없다.

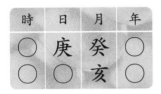

●월간 상관 癸水는 월지 亥에서 12운성 절이다.

●절의 시기에는 보이지 않는 곳에서 조용히 지내면 좋다.

●절의 시기를 거쳐 다시 새로운 출발이 시작된다.

●癸水는 亥子丑에서 할 일이 없으니 여유가 있다.

●亥子丑에서는 壬水가 강하다.

●癸水는 여름철 巳午未에서 록·왕·쇠가 된다.

●癸水는 음간이므로 안으로 들어가면서 활동한다.

●음간은 힘이 강해질수록 안으로 들어간다.

●안으로 들어가면 보이지 않는다.

●보이지 않는 음을 무시하면 안 된다.

- 월간 정재 乙木은 안으로 들어가며 응축 하강하는 속성이 있다.

- 乙木은 담쟁이덩굴이 아니다.

- 乙木은 담쟁이처럼 친화력이 좋고 사교적이다.

- 정재 乙木은 월지 亥에서 12운성 병이다.

- 병은 은퇴하고 두 번째 삶을 살아야 할 시기이다.

- 쇠에서 은퇴한 후에는 병·사·묘로 이어진다.

- 정재는 편재보다 재의 흐름이 안정감이 있다.

- 정재는 월급처럼 안정적이고 꾸준한 면이 있다.

子월 庚金

- 子월에는 壬水와 丁火 그리고 己土가 제왕이다.

- 壬水와 丁火, 己土 중에서 천간에 투한 글자를 격으로 잡는다.

- 일간 庚金은 밖으로 나가며 응축 하강하는 속성이 있다.

●응축 하강하면 외형은 작고 단단해진다.

●가을에 시들고 낙엽이 지는 것과 같다.

●가을은 결실과 수확의 계절이다.

●일간 庚金은 월지 子에서 12운성 사이다.

●그때그때 그 시기에 해야 할 일이 있다.

●庚金은 申酉戌에서 일을 하고, 寅卯辰에서 잠을 잔다.

●庚金은 巳午未에서 출근하고, 亥子丑에서 퇴근한다.

●지킬 것을 지키면 탈이 없다.

●탈 없이 편안하게 사는 것이 행복이다.

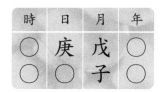

●월간 편인 戊土는 丙火의 더 확산 더 상승 운동을 멈추게 하고, 응축 하강 운동하는 庚金을 돕는다.

●戊土는 겨울 亥子丑에서 절·태·양이다.

●절·태·양에서는 찾는 사람이 없으니 조용히 지내야 한다.

●절·태·양에서 열심히 일하려고 하면 안 된다.

●월간 戊土 편인은 월지 子에서 12운성 태이다.

●태는 잉태된 아이와 같아서 보호를 받아야 한다.

●편인의 현상도 천간의 속성에 따라 다양하다.

- 戊土 편인과 己土 편인이 같을 리가 없다.

- 편인은 정인보다 안정감이 없다.

- 편인은 정인보다 들쑥날쑥한다.

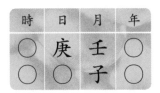

- 월간 식신 壬水는 밖으로 나오며 더 응축 더 하강하는 속성이 있다.

- 子월은 응축 하강이 가장 왕성한 시기이다.

- 壬水 식신은 월지 子에서 12운성 제왕이다.

- 식신이 제왕이니 식신격이다.

- 일간 庚金은 외형보다는 실속을 챙기는 식신 활동을 해야 한다.

- 亥子丑은 밤이나 겨울과 같다.

- 亥子丑에서는 육체적인 활동보다 정신적인 활동이 좋다.

- 어둡고 추운 곳에서는 육체적인 활동을 하는 것은 어렵다.

丑월 庚金

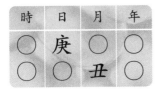

- ●庚金은 응축 하강 운동을 한다.
- ●庚金은 申酉戌에서 록·왕·쇠이고, 亥子丑에서 병·사·묘이다.
- ●丑월은 겨울에서 봄으로 넘어가는 시기이다.
- ●庚金은 丑에서 12운성 묘이다.
- ●확산 상승하는 甲木이 丑에서 관대이다.
- ●응축 하강하는 庚金은 잠자리에 들어야 한다.
- ●휴식, 충전하며 미래를 설계해야 한다.

- ●월간 丁火는 안으로 들어가며 더 응축 더 하강하는 속성이 있다.
- ●丁火는 亥子丑에서 12운성 록·왕·쇠이다.
- ●丁火는 작고, 좁고, 춥고, 어두운 곳에서 할 일이 많다.
- ●월간 丁火 정관은 丑에서 12운성 쇠이다.
- ●쇠는 은퇴했지만 아직은 영향력이 있다.

●은퇴하면 과거 록·왕의 시기에 집착해서는 안 된다.

●정관이나 편관은 법과 질서를 잘 지키려고 한다.

●정관은 편관보다 꾸준하고 안정적인 속성이 있다.

●법과 질서를 잘 지키는 사람은 어디에나 있다.

●십신이 직업을 나타내는 것은 아니다.

●팔자로 직업을 맞추려고 해서는 안 된다.

●어떤 직업이든 집단이 크면 모든 십신이 모여 있다.

●월간 상관 癸水는 안으로 들어가며 더 확산 더 상승하는 속성이 있다.

●壬水와 癸水는 정반대의 속성을 가진다.

●壬水는 더 응축하고, 癸水는 더 확산한다.

●壬水는 더 하강하고, 癸水는 더 상승한다.

●월간 상관 癸水는 월지 丑에서 12운성 양이다.

●양은 뱃속에 있는 아이와 같아서 돌봄이 필요하다.

●상관도 각 천간의 속성에 따라 모두 다르다.

●십신은 상담할 때 필요하다.

●상담의 내용이 재성, 관성, 인성, 식상 등에 관한 것이기 때문이다.

●십신을 정하기 위해 오행의 상생상극이 필요하다.

●명리학 공부의 기본은 음양과 천간 지지이다.

●기본 이론도 모르면서 사주풀이를 하려고 해서는 안 된다.

●초·중·고를 졸업하지도 않고 돈 벌려고 하면 안 되는 것과 같다.

辛金 정리

 봄철 辛金

 寅월 辛金

時	日	月	年
○	辛	○	○
○	○	寅	○

● 寅월에는 甲木과 辛金이 건록이다.

● 甲木과 辛金 중에서 천간에 투한 글자를 격으로 잡는다.

● 辛金은 안으로 들어가며 확산 상승하는 속성이 있다.

● 음양은 반대로 운동한다.

● 庚金이 응축하면, 辛金이 확산한다.

● 庚金이 하강하면, 辛金이 상승한다.

● 음간들은 밖에서 안으로 들어가는 운동을 한다.

● 안으로 들어갈수록 보이지 않는다.

● 보이지 않는 음간을 잘 알아야 한다.

●건록이나 제왕은 가장 바쁘게 일하는 시기이다.

●때를 놓치지 말아야 한다.

●항상 일을 할 수 있는 것은 아니다.

●월간 정재 甲木은 일간 辛金과 짝이다.

●손바닥과 손등 같은 관계로 항상 함께 다닌다.

●일간 辛金과 甲木 정재는 확산 상승하는 속성이 있다.

●甲木은 밖으로 나오면서 활동하고, 辛金은 안으로 들어가면서 활동
 한다.

●정재 甲木이 월지 寅에서 건록이다.

●정재격이다.

●밖에서 확산 상승하는 정재 활동을 하면 좋다.

●팔자 자체가 좋고 나쁜 것은 아니다.

●지킬 것을 지키면 탈이 없다.

●음지식물은 음지에 있어야 하고, 양지식물은 양지에 있어야 한다.

●글자의 속성을 지키지 않았을 때 문제가 생긴다.

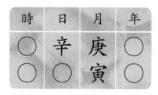

時	日	月	年
○	辛	庚	○
○	○	寅	○

● 월간 겁재 庚金은 밖으로 나오며 응축 하강하는 속성이 있다.

● 庚金은 월지 寅에서 12운성 절이다.

● 글자보다 글자가 나타내고자 하는 자연의 변화를 읽어야 한다.

● 팔자 자체가 좋거나 나쁜 것이 아니다.

● 겁재 자체가 좋거나 나쁘지는 않다.

● 칼, 총, 송곳 등이 그 자체로 나쁜 것이 아니다.

● 필요할 때 필요한 곳에 사용하면 좋다.

● 타고난 글자의 속성을 지키며 운의 흐름에 맞춰 살면 탈이 없다.

● 팔자와 운을 지킨다고 부귀해지지는 않는다.

● 부귀의 종류와 크기는 태어날 때 사주팔자에 이미 정해져 있다.

● 태어나 보니 부모, 형제, 국가, 피부색 등이 정해진 것과 같다.

● 12운성 절은 할 일이 없어 여유가 많은 시기이다.

● 절·태·양에서는 여행, 공부, 휴가 등 여유를 즐기면 된다.

● 절·태·양에서 부지런히 일하려고 하면 안 된다.

卯월 辛金

- ●卯월에는 甲木과 辛金이 제왕이다.

- ●甲木과 辛金 중에서 천간에 투한 글자를 격으로 잡는다.

- ●辛金은 안으로 들어가며 확산 상승하는 속성이 있다.

- ●甲木과 辛金은 짝이 되어 활동한다.

- ●辛金이 있어야 甲木은 성장할 수 있다.

- ●辛金은 건물의 철근이고, 아이들의 뼈이다.

- ●庚金과 辛金을 구분할 수 있어야 한다.

- ●제왕에 이른 辛金은 보이지 않는 내부에서 왕성하게 활동한다.

- ●월간 乙木 편재는 월지 卯에서 12운성 태이다.

- ●乙木이 봄철에 강하다고 하면 안 된다.

- ●寅卯辰에서는 乙木이 아닌 甲木이 록·왕·쇠이다.

- ●태는 잉태된 시기이다.

●乙木 편재를 잉태한 모습처럼 사용해야 한다.

●잉태된 아이는 잘 돌봐야 한다.

●돌봄을 받는다는 말은 홀로 설 수 없다는 뜻이다.

●홀로 설 수 없는 사람들은 월급을 받고 살아간다.

●팔자에는 태어날 때 주어지는 각자 그릇의 종류와 크기가 있다.

●작고, 좁고, 낮다고 나쁜 것이 아니다.

●모든 그릇은 필요해서 만들어지니 저마다 용도가 있다.

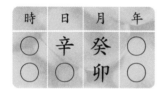

●월간 식신 癸水는 안으로 들어가며 더 확산 더 상승하는 속성이
 있다.

●癸水는 음간이므로 안으로 들어가면서 활동한다.

●癸水는 일간 辛金보다 확산 상승하는 속성이 더 강하다.

●辛金보다 癸水의 확산 상승 능력이 더 좋다.

●癸水는 寅卯辰에서 생·욕·대로 출근한다.

●월간 癸水는 월지 卯에서 12운성 목욕이다.

●목욕은 곧 취업할 청년들과 같다.

●아직 취업한 것은 아니므로 독립은 시기상조이다.

●12운성 태·양·장생·목욕 등에서는 배우는 자세가 필요하다.

●독립은 안 된다.

●각자에게 주어진 자리를 지켜야 탈이 없다.

辰월 辛金

●일간 辛金은 월지 辰에서 12운성 쇠이다.

●쇠는 은퇴한 시기이다.

●은퇴한 후에는 건록이나 제왕처럼 열심히 일하면 안 된다.

●은퇴한 후에는 여유를 가지고 일을 줄여가야 한다.

●쇠보다는 병, 병보다는 사에서 할 일이 적어진다.

●할 일이 적을 때는 개인적인 시간이 많아진다.

●학문, 여행, 휴가, 자격증, 학위, 충전을 하면 좋다.

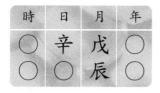

●월간 정인 戊土는 丙火의 더 확산 더 상승 운동을 멈추게 하고, 응축

하강 운동하는 庚金을 돕는다.

●戊土는 월지 辰에서 12운성 관대이다.

●관대는 배움을 마치고 새로운 환경으로 들어가는 시기이다.

●배우면서 일하다가 독립하는 때이다.

●새 출발은 쉬운 일이 아니다.

●건록·제왕으로 가기 위해서는 어려움을 참고 견뎌야 한다.

●관대는 건록이나 제왕보다는 그릇이 작다.

●정인은 편인보다 따뜻한 마음과 인간적인 정(情)이 있다.

●정인은 편인보다 안정감이 있다.

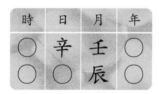

●월간 상관 壬水는 월지 辰에서 12운성 묘이다.

●壬水는 밖으로 나오며 더 응축 더 하강하는 속성이 있다.

●응축 하강은 외형보다는 실속을 추구한다.

●壬水는 亥子丑에서 록·왕·쇠로 왕성하게 일한다.

●壬水가 辰에서 묘이니 할 일이 거의 없어진다.

●할 일이 없을 때는 휴식, 충전하면 좋다.

●壬水는 辰에서 잠자리에 들 시간이다

여름철 辛金

巳월 辛金

- 巳월에는 丙火와 戊土 그리고 癸水가 건록이다.

- 丙火와 戊土, 癸水 중에서 천간에 투한 글자를 격으로 잡는다.

- 辛金은 안으로 들어가며 확산 상승하는 속성이 있다.

- 辛金은 寅卯辰에서 록·왕·쇠로 활동한다.

- 록·왕·쇠는 가장 인기가 좋은 시기이다.

- 힘들어도 일이 많을 때 열심히 해야 한다.

- 辛金은 巳午未에서 병·사·묘이다.

- 병·사·묘에서 기존의 일을 마무리하고 퇴근해야 한다.

- 일간 辛金은 월지 巳에서 12운성 병이다.

- 병은 쇠보다 일을 더 줄여야 할 시기이다.

- 병보다는 사, 사보다는 묘에서 일을 더 줄여야 한다.

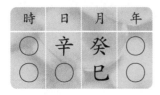

時	日	月	年
○	辛	癸	○
○	○	巳	○

● 월간 식신 癸水는 안으로 들어가며 더 확산 더 상승하는 속성이 있다.

● 癸水는 월지 巳에서 12운성 건록이다.

● 식신격이다.

● 타고난 능력을 잘 활용해야 한다.

● 시대나 환경 때문에 타고난 능력을 사용하지 못하는 경우가 많다.

● 글자의 속성에 맞는 일을 하면서 살아가야 한다.

● 칼의 종류가 많지만 면도할 때는 면도칼이 좋다.

● 확산 상승이 좋고, 응축 하강이 나쁜 것은 아니다.

● 癸水는 丙火와 짝이 되어 항상 함께 다닌다.

● 丙火는 양간으로 밖으로 나오면서 활동하니 누구나 알 수 있다.

● 음간인 癸水는 안으로 들어가면서 활동하니 모르는 경우가 많다.

● 여름철 癸水는 습기, 구름, 땀 등으로 존재한다.

● 봄·여름에 나뭇잎이 싱싱한 것은 癸水 때문이다.

● 음간은 실내에서 주로 두뇌를 쓰는 정신적인 활동이 좋다.

● 확산 상승은 남의 시선이나 남의 평가를 의식하며 살아간다.

- 월간 편재 乙木은 안으로 들어가며 응축 하강하는 속성이 있다.

- 응축 하강은 외형보다는 내실을 추구한다.

- 乙木은 월지 巳에서 12운성 장생이다.

- 乙木은 巳午未에서는 생·욕·대로 출근하는 시기이다.

- 乙木은 가을철 록·왕·쇠를 위해 여름철에 미리 준비한다.

- 팔자 고유 속성은 언제나 변하지 않는다.

- 나팔꽃의 속성은 어디에 심어져도 그대로이다.

- 乙木은 담쟁이처럼 친화력이 있다.

- 재성은 내 방식대로 하려는 기질이 있다.

- 편재는 정재와 다르게 굴곡이 심하다.

- 정재는 안정감이 있고, 편재는 안정감이 없다.

- 편재 乙木이 장생이니 독립하는 것은 시기상조이다.

午월 辛金

- 午월에는 丙火와 戊土 그리고 癸水가 제왕이다.

- 丙火와 戊土, 癸水 중에서 천간에 투한 글자를 격으로 잡는다.

- 일간 辛金은 안으로 들어가며 확산 상승하는 속성이 있다.

- 일간 辛金은 월지 午에서 12운성 사이다.

- 월지 午에서는 확산 상승이 극에 이른다.

- 더 이상의 확산 상승은 없고, 이제 응축 하강으로 전환할 때이다.

- 일간 辛金은 갈수록 할 일이 적어진다.

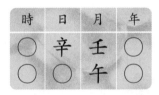

- 월간 상관 壬水는 월지 午에서 12운성 태이다.

- 壬水는 밖으로 나오며 더 응축 더 하강하는 속성이 있다.

- 응축 하강하는 일은 외형보다는 실속을 따진다.

- 午월에는 상관 壬水를 태의 상태로 사용해야 한다.

- 이제 잉태한 시기이니 활동을 자제하고 조용히 지내면 좋다.

●높고 크다고 좋은 것은 아니다.

●주어진 자기 역할에 충실하면 된다.

●주연, 조연, 그 외에 제작진 등 자기 역할이 있다.

●상관은 응용력, 상상력, 창의력이 좋다.

●새로운 것을 만드는 것은 편인이고, 그것을 응용 발전시키는 것은
　상관이다.

●같은 십신이 모두 똑같은 일을 하는 것은 아니다.

●천간마다 속성이 다르므로 다르게 활용해야 한다.

●같은 직장이라도 부서마다 하는 일이 다른 것과 같다.

●월간 정재 甲木은 밖으로 나오면서 확산 상승하는 속성이 있다.

●甲木은 월지 午에서 12운성 사이다.

●12운성 병·사·묘는 퇴근하는 것처럼 일을 줄여가야 한다.

●시작이 있으면 끝이 있다.

●끝이 있으면 또 다른 시작이 있다.

●정상에 오르면 내리막을 준비해야 한다.

●바닥은 또 다른 상승의 시작이다.

●정재는 재의 흐름이 안정적이다.

- 정재가 사업을 하면 안정감 있게 사업을 운영한다.

- 월급을 받는 사람들도 편재가 있으면 재의 흐름이 들쑥날쑥한다.

- 십신 자체가 직업을 말해 주는 것은 아니다.

- 팔자로 직업을 알 수 없다.

- 십신은 성향을 나타낼 뿐이다.

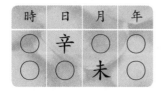

- 未월은 여름에서 가을로 접어드는 시기이다.

- 확산 상승이 줄어들면서 응축 하강이 시작되는 때이다.

- 辛金은 안으로 들어가며 확산 상승하는 속성이 있다.

- 辛金은 월지 未에서 12운성 묘로, 잠자려고 하는 시기이다.

- 잠을 자며 꿈을 꾼다.

- 같은 12운성이라도 천간 지지에 따라 나타나는 모습이 다르다.

- 천간 지지의 속성이 모두 다르기 때문이다.

- 월간 편재 乙木은 안으로 들어가며 응축 하강하는 속성이 있다.

- 응축 하강하는 글자는 외형보다 실속을 추구해야 한다.

- 乙木은 申酉戌에서 록·왕·쇠이다.

- 편재 乙木은 월지 未에서 12운성 관대이다.

- 관대는 새로운 환경으로 들어가는 시기이다.

- 개업이나 입학, 창업, 입대, 결혼하는 시기가 관대이다.

- 유치원 입학도 관대이다.

- 독립하니 좋기만 한 것은 아니다.

- 새로운 환경에 대한 적응의 어려움과 두려움이 따른다.

- 辰戌丑未는 변화의 시기이다.

- 변화의 시기에는 속도를 늦추면서 새로운 환경으로 들어가야 한다.

- 변화하지 않으면 도태된다.

- 식신 癸水는 안으로 들어가며 더 확산 더 상승하는 속성이 있다.

- 일간 辛金은 능력 있는 선배인 癸水를 만난 것과 같다.

- 확산 상승은 남에게 보여주는 것을 우선한다.

- 식신 癸水는 월지 未에서 12운성 쇠이다.

- 쇠는 막 은퇴하고 두 번째 삶을 준비해야 하는 시기이다.

- 성공과 실패는 글자의 속성을 얼마나 잘 지키느냐에 달려 있다.

- 음지식물을 양지에 두면 안 된다.

- 양지식물을 음지에 두어도 안 된다.

가을철 辛金

申월 辛金

- 申월에는 庚金과 乙木이 건록이다.

- 庚金과 乙木 중에서 천간에 투한 글자를 격으로 잡는다.

- 申酉戌에서는 응축 하강하는 운동이 일어난다.

- 일간 辛金은 안으로 들어가며 확산 상승하는 속성이 있다.

- 일간 辛金은 월지 申에서 12운성 절이다.

●세상 일이 내 뜻대로 되는 것이 아니다.

●뜻과 현실이 다를 때는 지지 현실을 따라야 한다.

●내 뜻을 굽히고 현실에 맞게 행동하는 것이 지혜롭다.

●절의 시기에는 휴식, 충전하면서 때를 기다려야 한다.

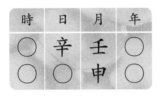

●월간 상관 壬水는 월지 申에서 12운성 장생이다.

●상관 壬水는 밖으로 나오며 더 응축 더 하강하는 속성이 있다.

●성공과 실패는 글자의 속성을 지키느냐에 달려 있다.

●팔자 자체에 성공과 실패가 있는 것이 아니다.

●팔자 원국으로는 그릇의 종류와 크기를 알 수 있다.

●필요할 때 필요한 그릇이 있으면 된다.

●태어날 때 주어진 자기 그릇에 맞는 일을 해야 한다.

●타고난 그릇의 종류와 크기를 어기면 안 된다.

●장생은 태나 양보다는 그릇이 크다.

●무조건 크고 높은 것이 좋다는 생각은 버려야 한다.

●상담에 적용할 때는 교육 수준이나 환경 등에 따라 판단한다.

- 월간 정재 甲木은 밖으로 나오면서 확산 상승하는 속성이 있다.

- 일어나서 출근 준비를 하는 것이 확산 상승 운동이다.

- 출근해서 일터로 가는 것이 확산 상승 운동이다.

- 일터에서 일을 펼치는 것이 더 확산 더 상승 운동이다.

- 점심 후 일을 정리하며 퇴근 준비는 응축 하강 운동이다.

- 귀가하여 잠자리에 드는 것은 더 응축 더 하강 운동이다.

- 월간 甲木 정재는 월지 申에서 12운성 절이다.

- 보이지 않는 곳에서 조용히 지내야 한다.

- 절의 시기에 일을 시작하거나 확대하면 안 된다.

酉월 辛金

- 酉월에는 庚金과 乙木이 제왕이다.

- 庚金과 乙木 중에서 천간에 투한 글자를 격으로 잡는다.

●일간 辛金은 안으로 들어가며 확산 상승하는 속성이 있다.

●일간 辛金은 월지 酉에서 12운성 태이다.

●오행은 눈에 보이는 양간만 이야기한다.

●눈에 보이지 않는 음간도 자연의 절반을 차지하고 있다.

●음간을 없는 것처럼 취급한 것이 오행이다.

●오행의 생극제화는 십신을 정할 때만 사용한다.

●庚金과 辛金을 구분할 수 있어야 한다.

●庚金이 응축하면, 辛金은 확산한다.

●庚金이 하강하면, 辛金은 상승한다.

●庚金은 申酉戌에서 록·왕·쇠고, 辛金은 寅卯辰에서 록·왕·쇠이다.

●태에서는 감옥에 있는 듯이 조용히 지내야 한다.

●독서실이나 연구실, 사찰 등에서 공부해도 좋다.

●월간 편관 丁火는 안으로 들어가며 더 응축 더 하강하는 속성이 있다.

●丙火가 더 상승하면, 丁火는 더 하강한다.

●丙火가 더 확산하면, 丁火는 더 응축한다.

●음양은 서로 반대로 운동한다.

●음양 운동을 통해 만물은 활력을 찾고 생명력을 이어간다.

- 일간 辛金은 응축 하강하는 모습으로 편관을 사용해야 한다.
- 응축 하강하면 볼품은 없어지고 실속이 생긴다.
- 편관과 정관은 법과 질서를 잘 지킨다.
- 정관보다 편관에게 더 엄격함과 절도가 있다.
- 군인이나 경찰과 같은 직업을 말하는 것이 아니다.
- 월간 丁火는 월지 酉에서 12운성 목욕이다.
- 목욕은 취업을 준비하며 공부하는 청년과 같다.
- 목욕에서 독립하는 것은 시기상조이다.

- 월간 식신 癸水는 안으로 들어가며 더 확산 더 상승하는 속성이 있다.
- 癸水는 辛金보다 확산 상승하는 속성이 더 강하다.
- 辛金이 癸水를 보면 능력 있는 선배나 형을 만난 것과 같다.
- 음양은 비율만 달리할 뿐 항상 공존한다.
- 월간 식신 癸水는 월지 酉에서 12운성 사이다.
- 쇠·병·사·묘·절은 일을 줄여가며 여유 있게 사는 것이 좋다.
- 사는 쇠나 병보다 찾는 사람이 적어지고 일이 더 없다.

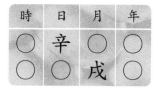

戌월 辛金

- 월지 戌은 가을에서 겨울로 접어드는 환절기이다.

- 戌은 응축 하강 운동이 더욱 강해지는 시기이다.

- 일간 辛金은 안으로 들어가며 확산 상승하는 속성이 있다.

- 천간이 지지를 따라야 한다.

- 천간은 바꿀 수 있지만 지지는 바꿀 수 없기 때문이다.

- 일간 辛金은 월지 戌에서 12운성 양이다.

- 양은 뱃속에 있는 어린 시기이다.

- 많은 보호를 받으며 살아야 한다.

- 지지를 보며 천간의 모습을 파악해야 한다.

- 지지를 보며 나아갈 때와 물러날 때를 알아야 한다.

- 월간 정인 戊土는 월지 戌에서 12운성 묘이다.

- 戊土는 丙火의 더 확산 더 상승 운동을 멈추게 하고, 응축 하강 운동

하는 庚金을 돕는다.

● 戌월은 응축 하강하는 운동이 더 응축 더 하강 운동으로 바뀌는 때이다.

● 12운성 묘에서는 일을 마치고 휴식에 들어갈 때이다.

● 쇠·병·사·묘 등 한자(漢字) 자체에 의미를 두면 안 된다.

● 글자가 나타내고자 하는 자연의 변화를 읽어야 한다.

● 정인이라고 모두 같은 것이 아니다.

● 정인이라도 천간에 따라 모두 다른 현상으로 나타난다.

● 명리 학습의 핵심은 오행이나 십신이 아니라 천간과 지지 공부이다.

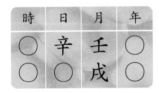

時	日	月	年
○	辛	壬	○
○	○	戌	○

● 월간 상관 壬水는 월지 戌에서 12운성 관대이다.

● 壬水는 밖으로 나오며 더 응축 더 하강하는 속성이 있다.

● 응축 하강하는 시기에는 외형보다는 실속을 추구해야 한다.

● 관대는 취업, 입학, 입대 등 새로운 환경으로 들어간 시기이다.

● 새로운 환경에 적응한다는 것은 쉬운 일이 아니다.

● 관대·건록·제왕에서는 일이 많아지니 힘들어진다.

● 힘들더라도 기회를 놓치지 말아야 한다.

● 기회는 자주 오는 것이 아니다.

- 壬水가 힘이 강해지면 더 응축 더 하강한다.

- 壬水가 힘이 강해지면 추워지고 어두워진다.

겨울철 辛金

亥월 辛金

時	日	月	年
○	辛	○	○
○	○	亥	○

- 亥월에는 壬水와 丁火 그리고 己土가 건록이다.

- 壬水와 丁火, 己土 중에서 천간에 투한 글자를 격으로 잡는다.

- 월지 亥는 어둡고 추운 공간이다.

- 亥월은 더 응축 더 하강하는 운동이 시작되는 시기이다.

- 辛金은 亥에서 장생이다.

- 장생은 어린아이와 같다.

- 어린아이는 윗사람의 돌봄을 받아야 한다.

- 돌봄을 받는다는 것은 지위가 높지 않다는 의미이다.

- 월급을 받는 사람들이 돌봄을 받는 사람들이다.

● 12운성 태 · 양 · 장생 · 목욕에서 독립은 안 된다.

● 팔자를 오행으로 분석하지 않도록 한다.

● 오행은 눈에 보이는 양간만을 설명한다.

● 음간을 무시해 버린 것이 오행이다.

● 자연 속에 존재하는 음과 양은 정확히 5 대 5 이다.

● 월간 편재 乙木은 안으로 들어가며 응축 하강하는 속성이 있다.

● 甲木이 상승하면, 乙木은 하강한다.

● 甲木이 확산하면, 乙木은 응축한다.

● 음간들은 밖에서 안으로 들어가는 운동을 한다.

● 음간이 12운성 록 · 왕에 이르면 안으로 들어가서 보이지 않게 된다.

● 밖에서 보이는 양간은 누구나 알 수 있다.

● 보이지 않는 음간을 잘 알아야 한다.

● 월간 乙木은 월지 亥에서 12운성 병이다.

● 12운성 병의 맞은편에는 장생이 있다.

● 은퇴 후에는 일을 줄여가는 것이 좋다.

● 병은 사 · 묘 · 절보다는 아직 할 일이 많다.

●월간 丁火 편관은 더 응축 더 하강하는 속성이 강하다.

●亥월은 춥고 어두운 시기이다.

●丁火는 월지 亥에서 12운성 건록이다.

●편관격(칠살격)이다.

●丁火는 亥子丑에서 록·왕·쇠가 되어 바쁘다.

●찾는 사람이 많으니 할 일이 많아진다.

●할 일이 많으니 인기가 있다고 할 수 있다.

●丁火는 춥고 어두운 亥子丑에서 할 일이 많아진다.

●음지에서 일하는 사람들이다.

●겉만 보고 무시하면 안 된다.

子월 辛金

●子월은 응축 하강하는 기운이 가장 강한 시기이다.

● 어떤 천간이라도 지지 현실을 무시해서는 안 된다.

● 현실에 기반을 두고 자기의 뜻을 펼쳐 나가야 한다.

● 子월에는 壬水와 丁火 그리고 己土가 제왕이다.

● 壬水와 丁火, 己土 중에서 천간에 투한 글자를 격으로 잡는다.

● 子월에는 甲木과 辛金이 12운성 목욕이다.

● 양간은 힘이 강해지면 밖으로 나오고, 음간은 힘이 강해지면 안으로
  들어간다.

● 안으로 들어가는 음간은 밖에서는 보이지 않는다.

● 보이지 않는다고 없는 것이 아니다.

● 목욕의 시기는 아직 독립하기에는 이르다.

● 명리를 공부할 때는 글자 자체에 집착하면 안 된다.

● 글자가 나타내고자 하는 자연의 변화를 읽어야 한다.

● 월간 정재 甲木은 일간 辛金과 12운성을 같이 쓴다.

● 甲木과 辛金은 손바닥과 손등처럼 항상 함께 다닌다.

● 甲木은 辛金 없이 살아갈 수 없다.

● 또한 辛金은 甲木 없이 살아갈 수 없다.

● 월간 정재 甲木은 월지 子에서 목욕이다.

●목욕은 태나 장생보다는 더 성장한 시기이다.

●정(正)과 편(偏)의 차이는 안정감의 차이이다.

●정재는 재의 흐름에 안정감이 있다.

●반면 편재는 안정감이 없다.

●있을 때와 없을 때의 차이가 큰 것이 편(偏)이다.

●월간 丙火는 밖으로 나오며 더 확산 더 상승하는 속성이 있다.

●丙火는 실속보다는 외형을 추구한다.

●화려하면 실속이 적어지는 것이 자연의 이치이다.

●화려함과 실속 두 마리 토끼를 잡을 수 없다.

●확산 상승하면서 실속이 있을 수는 없다.

●월간 정관 丙火는 월지 子에서 12운성 태이다.

●태는 바닥을 친 시기이다.

●독립은 꿈도 꾸지 못한다.

●많은 보호가 필요하니 직급이 낮다.

●언제, 어디에나 음양은 함께 존재한다.

●빛과 그림자는 언제나 함께 있다.

●빛과 그림자 보는 관점에 따라 다르다.

●나와 다른 상대방의 의견도 일리가 있을 수 있다.

丑월 辛金

●丑월은 겨울에서 봄으로 넘어가는 시기이다.

●일간 辛金은 안으로 들어가며 확산 상승하는 속성이 있다.

●일간 辛金은 월지 丑에서 관대이다.

●관대에서 독자적인 활동이 가능하다.

●독립은 홀로 새로운 세계로 들어가는 일이다.

●미지의 세계는 두렵고 힘들 수 있다.

●관대·건록·제왕이 마냥 좋은 것만은 아니다.

●일이 많아지고, 책임질 일도 많아진다.

●남과 비교하지 말고 자기의 길을 가야 한다.

●일이 많으면 많은 대로, 적으면 적은 대로 살아가면 된다.

●낮에는 일하고 밤에는 잠자야 한다.

●봄에 씨 뿌리고 가을에 수확해야 한다.

●각 시기에 해야 할 일을 하면 탈이 없다.

時	日	月	年
○	辛	己	○
○	○	丑	○

●월간 편인 己土는 더 응축 더 하강하는 丁火의 운동을 억제하고, 확산 상승 운동하는 辛金을 돕는다.

●己土는 亥子丑에서 록·왕·쇠이다.

●亥子丑은 작고 춥고 어두운 공간이다.

●누군가는 작고 춥고 어두운 공간에서 일을 해야 한다.

●음지식물을 양지에 심으면 안 된다.

●양지식물을 음지에 심어도 안 된다.

●물고기는 육지에서 살 수 없다.

●음도 자연의 절반을 차지하고 있다.

●음지가 있어야 양지가 있고, 양지가 있어야 음지가 있다.

●각자 주어진 팔자대로 살아가면 된다.

●월간 편인 己土는 월지 丑에서 12운성 쇠이다.

●쇠는 정상에서 막 물러난 시기이다.

●편인은 보통 사람들과는 다른 독특한 생각을 한다.

●틈새시장이나 대체 학문 등에 관심이 많다.

●기인(奇人), 발명가, 천문학자, 기술자 등에 많다.

- 월간 식신 癸水는 안으로 들어가며 더 확산 더 상승하는 속성이 있다.
- 행정이나 교육, 사무적인 일을 하는 사람이 안에서 일한다.
- 인터넷을 활용한 일들도 안에서 이루어진다.
- 인터넷의 발달로 음간의 일이 더욱 늘어나고 있다.
- 두뇌를 쓰는 일에서는 양간보다 음간이 유리하다.
- 월간 식신 癸水는 월지 丑에서 12운성 양이다.
- 丑월은 아직 추우므로 癸水는 뱃속에 있다.
- 철저한 보호를 받으며 더 확산 더 상승하는 식신 활동을 하면 좋다.
- 12운성 양은 그릇이 크지 않다.

壬水 정리

 봄철 壬水

 **寅월 壬水**

時	日	月	年
○	壬	○	○
○	○	寅	○

● 寅월에는 甲木과 辛金이 건록이다.

● 甲木과 辛金 중에서 천간에 투한 글자를 격으로 잡는다.

● 壬水는 밖으로 나오며 더 응축 더 하강하는 속성이 있다.

● 壬水는 亥子丑에서 록·왕·쇠이고, 寅卯辰에서 병·사·묘이다.

● 일간 壬水는 월지 寅에서 12운성 병이다.

● 병은 퇴근을 준비하는 때이다.

● 퇴근할 때는 하던 일을 줄여가야 한다.

- 월간 편재 丙火는 밖으로 나오며 더 확산 더 상승하는 속성이 있다.

- 월지 寅에서 壬水는 병이고, 丙火는 장생이다.

- 천간은 지지에 따라 모습이 달라진다.

- 시간이 흘러가면 변하는 태양의 모습과 같다.

- 지지에 따라 변하는 천간의 모습을 나타내는 것이 12운성이다.

- 일간을 볼 때는 壬水만 보고, 편재를 볼 때는 丙火만 본다.

- 사주를 볼 때 일간의 강약과 연관시키면 안 된다.

- 편재는 정재보다 재의 흐름이 안정적이지 못하다.

- 편(偏)은 파도가 심하고, 정(正)은 파도가 심하지 않다.

- 정인과 편인, 정관과 편관의 차이도 마찬가지이다.

- 편관 戊土는 월지 寅에서 장생이다.

- 장생은 어리므로 편관의 그릇이 큰 것은 아니다.

- 그릇이 크다고 좋은 것은 아니다.

- 편관 戊土는 丙火의 더 확산 더 상승 운동을 멈추게 하고, 응축 하강

운동하는 庚金을 돕는다.

●확산 상승은 내실보다는 외형을 중시한다.

●쇠·병·사에서는 일을 줄이고 양·생·욕에서는 일을 늘려야 한다.

●십신은 직업이 아닌 성향을 나타낸다.

●편관이 긴박하다면, 정관은 느긋하다.

●편관은 긴장감이 정관보다 더 심하다.

●편관이 경찰 공무원이라면, 정관은 행정 공무원에 비유할 수 있다.

●팔자를 보고 직업을 알 수는 없다.

●집단이 크면 그 집단에는 모든 십신이 존재한다.

卯월 壬水

●卯월에는 甲木과 辛金이 제왕이다.

●甲木과 辛金 중에서 천간에 투한 글자를 격으로 잡는다.

●일간 壬水는 월지 卯에서 12운성 사이다.

●12운성 사의 반대편은 목욕이다.

●양·장생·목욕은 성장하는 학생이고, 쇠·병·사는 은퇴한 어른과

같다.

● 양·장생·목욕에서는 일이 많아지니 늘려야 한다.

● 쇠·병·사에서는 일이 적어지니 줄여야 한다.

● 壬水는 밖으로 나오며 더 응축 더 하강하는 속성이 있다.

● 卯월은 壬水가 일을 마무리하고 퇴근을 준비하는 시기이다.

● 퇴근하면 또 해야 할 또 다른 일이 있다.

● 일간 壬水와 월간 丁火는 12운성을 같이 쓴다.

● 壬水와 丁火는 더 응축 더 하강하는 속성이 있다.

● 壬水는 밖으로 나오면서 활동하고, 丁火는 안으로 들어가면서 활동
  한다.

● 壬水와 丁火는 亥子丑에서 록·왕·쇠이다.

● 록·왕·쇠는 열심히 일을 할 수 있는 때이다.

● 卯월에 壬水와 丁火는 12운성 사이다.

● 병·사·묘는 퇴근하는 시기이다.

● 출근해서 일하고 퇴근해서 잠자는 것을 결정하는 것은 지지이다.

● 천간은 지지의 영향을 받는다.

● 월간 丁火는 정재이다.

- 재성은 내가 극하는 것으로 마음대로 하려는 성향이 있다.

- 월간 상관 乙木은 안으로 들어가며 응축 하강하는 속성이 있다.
- 甲木이 상승하면, 乙木은 하강한다.
- 甲木이 확산하면, 乙木은 응축한다.
- 乙木이 卯에 통근했다고 강하다고 하면 안 된다.
- 지장간은 잊는 것이 좋다.
- 卯월에는 乙木이 아닌 甲木이 제왕이다.
- 甲木과 乙木의 차이를 아는 것이 중요하다.
- 음양의 차이를 모르는 사람이 아직도 많다.
- 기본을 소홀히 하기 때문이다.
- 卯월에는 甲木이 제왕이니, 乙木은 태이다.
- 태의 반대편에는 제왕이 있다.

辰월 壬水

●현실〔지지〕을 무시하고 뜻〔천간〕을 펼칠 수는 없다.

●辰은 봄에서 여름으로 가는 환절기이다.

●辰을 지나면서 확산 상승작용이 더욱 활발해진다.

●일간 壬水는 월지 辰에서 12운성 묘이다.

●12운성 묘의 반대편에는 관대가 있다.

●관대는 배움을 끝내고 사회생활을 시작하는 시기이다.

●묘는 이제 할 일이 없으니 자러 가는 시기이다.

●묘의 시기는 잠을 자며 휴식, 충전하는 시기이다.

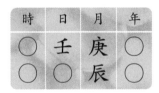

●편인 庚金은 월지 辰에서 12운성 양이다.

●庚金은 밖으로 나가며 응축 하강하는 속성이 있다.

●庚金이 강해질수록 응축 하강이 심해진다.

●양에서는 조용히 보호를 받으며 살아가면 좋다.

- 직책이 높지 않다는 의미이다.

- 팔자에 주어진 그릇의 종류와 크기를 지켜야 한다.

- 상담할 때는 원칙과 기준이 있어야 한다.

- 원칙이 있다면 어떤 팔자도 자신감을 있게 설명할 수 있다.

- 눈금이 정확한 자가 있다면 어떤 물건이라도 길이를 잴 수 있다.

- 눈금이 정확한 저울이 있다면 어떤 물건이라도 무게를 달 수 있다.

- 편관 戊土는 丙火의 더 확산 더 상승 운동을 멈추게 하고, 응축 하강 운동하는 庚金을 돕는다.

- 戊土는 월지 辰에서 12운성 관대이다.

- 새로 취직하고, 새로 입학하고, 새로 입대하는 시기가 관대이다.

- 관대는 배움을 끝내고 이제 혼자 독립할 수 있는 시기이다.

- 독립은 쉬운 일이 아니다.

- 정관이나 편관은 법과 질서를 잘 지킨다.

- 정관보다 편관이 더 엄격하다.

- 편관은 소방관이나 경찰, 군인에 비유한다.

- 소방관들이 항상 불을 끄고 있는 것은 아니다.

- 경찰이 항상 범법자를 잡는 것은 아니다.

- 군인이라도 항상 전쟁하지는 않는다.

- 언제 출동할지 모르니 긴장 상태로 있는 것이 편관이다.

- 편관에는 단정함과 긴장감이 있다.

- 십신이 직업을 나타내는 것은 아니다.

- 십신은 성향을 나타내는 것이지 직업이 아니다.

- 조직이 크면 그 안에 모든 십신이 다 있다.

여름철 壬水

巳월 壬水

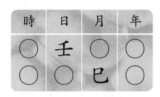

時	日	月	年
◯	壬	◯	◯
◯	◯	巳	◯

- 巳월에는 丙火와 戊土 그리고 癸水가 건록이다.

- 丙火와 戊土, 癸水 중에서 천간에 투한 글자를 격으로 잡는다.

- 더 응축 더 하강하는 속성을 가진 壬水는 여름에는 할 일이 없다.

- 일간 壬水는 월지 巳에서 12운성 절이다.

- 절(絶)일 때는 잠을 자는 것과 같으니 휴식하면서 충전하면 좋다.

- 학위나 자격증 공부를 해도 좋고, 여행을 가도 좋다.
- 절의 시기에 드러나는 일을 열심히 일하면 실패하기 쉽다.
- 절·태·양의 시기에는 잠을 자듯이 휴식하면 좋다.

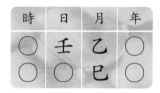

- 월간 상관 乙木은 안으로 들어가며 응축 하강하는 속성이 있다.
- 십신은 천간의 속성에 따라 모두 다른 현상으로 나타난다.
- 상관도 천간마다 모두 다른 모습으로 사용해야 한다.
- 壬水는 상관 乙木을 응축 하강하는 모습으로 써야 한다.
- 응축 하강은 겉모습보다는 내실을 챙긴다.
- 응축 하강은 허풍을 떨기보다는 실속을 챙긴다.
- 태어날 때 주어지는 각자의 시간표를 지켜야 한다.
- 시간표를 잘 지킨다고 부귀해지는 것은 아니다.
- 학생이 시간표를 잘 지킨다고 우등생이 되는 것은 아니다.
- 시간표를 잘 지키면 무난히 졸업은 한다.
- 월간 상관 乙木은 월지 巳에서 12운성 장생이다.
- 장생은 어린아이와 같으니 그릇은 크지 않다.
- 12운성은 격의 고저를 판별할 때도 유용하다.

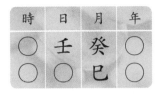

●월간 癸水는 겁재이다.

●癸水는 안으로 들어가며 더 확산 더 상승하는 속성이 있다.

●壬水와 癸水는 서로 반대로 운동한다.

●오행으로 팔자를 보면 음과 양을 구분하지 못한다.

●오행은 보이지 않는 음을 무시하고 양만 설명한다.

●일간 壬水는 월지 巳에서 12운성 절이다.

●월간 겁재 癸水는 월지 巳에서 건록이다.

●壬水는 밖으로 나오며 활동하고, 癸水는 안으로 들가오며 활동한다.

●겁재가 있으면 경쟁심이나 승부욕이 있다.

●운의 흐름을 보면서 유리할 때 겁재와 승부해야 한다.

午월 壬水

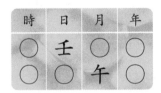

●午월에는 丙火와 戊土 그리고 癸水가 제왕이다.

- 丙火와 戊土, 癸水 중에서 천간에 투한 글자를 격으로 잡는다.

- 일간 壬水는 밖으로 나오며 더 응축 더 하강하는 속성이 있다.

- 응축하고 하강하면 외모는 볼품이 없고 초라해진다.

- 응축 하강하면 작은 공간에 많은 것을 저장하니 실속이 있다.

- 월지 午에서는 확산 상승 운동이 가장 활발하다.

- 확산 상승이 활발한 곳은 사람이 많은 대도시나 중심가, 밝은 곳
  이다.

- 壬水는 월지 午에서 12운성 태이다.

- 밝고 사람이 많은 환경에서 조용히 지내면 좋다.

- 팔자 원국 자체에서는 그릇의 종류와 차이만 있을 뿐이다.

- 팔자 자체에 좋고 나쁨이 있는 것이 아니다.

- 좋고 나쁘다는 것은 개인의 취향일 뿐이다.

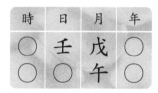

- 월간 戊土 편관은 월지 午에서 12운성 제왕이다.

- 戊土는 丙火의 더 확산 더 상승 운동을 멈추게 하고, 응축 하강 운동
  하는 庚金을 돕는다.

- 편관 戊土가 제왕이니 편관격이다.

- 크고 높고 넓다고 좋은 것은 아니다.

- 작고 낮고 좁다고 나쁜 것은 아니다.

- 팔자의 그릇의 종류와 크기에 맞게 사는 것이 중요하다.

- 삶의 평가는 남이 아닌 본인 스스로 해야 한다.

- 외부의 시선이나 판단에 휘둘리지 말아야 한다.

- 행복은 마음이 편한 것이고, 행복하다면 잘 살고 있는 것이다.

- 부귀하더라도 감옥이나 병원에 있으면 행복한 것이 아니다.

- 일간 壬水는 월지 午에서 태이다.

- 태에서는 보이지 않는 곳에서 휴식하면서 충전하면 좋다.

- 보이지 않는 곳은 고위직, 승진일 수도 있다.

- 고위직으로 갈수록 보이지 않는 곳으로 들어간다.

- 상담할 때는 질문에만 답하면 된다.

- 질문이 없는 답은 있을 수 없다.

- 질문에 따라 답이 정해진다.

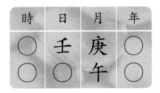

- 월간 庚金 편인은 밖으로 나오며 응축 하강하는 속성이 있다.

- 庚金은 월지 午에서 12운성 목욕이다.

- 목욕은 장생보다 더 성장한 시기로 청년과 같다.

- 아직 독립할 시기는 아니다.

- 누군가 밑에서 일하면 좋다.

- 지지에는 지장간만 있는 것이 아니다.

- 모든 지지에는 열 개의 천간이 모두 다른 모습으로 존재한다.

未월 壬水

- 일간 壬水는 월지 未에서 12운성 양이다.

- 양의 시기는 뱃속에서 자라는 시기이다.

- 어리고 연약하여 많은 보호가 필요하다.

- 절·태·양의 시기에는 찾는 사람이 없으니 한가하다.

- 할 일이 없으니 여유, 여행, 학문 등을 하며 충전하면 좋다.

- 지지 현실을 직시하며 천간의 뜻을 펼쳐야 한다.

- 생각대로 되는 것이 아니다.

- 벚꽃을 피게 하는 것은 노력이 아닌 운이다.

- 서두른다고 될 일이 아니다.

- 명리(命理)는 나아갈 때와 물러날 때를 알려준다.

- 월간 乙木 상관은 안으로 들어가며 응축 하강하는 속성이 있다.

- 반대로 甲木은 밖으로 나오며 확산 상승하는 속성이 있다.

- 乙木은 월지 未에서 12운성 관대이다.

- 배움을 끝낸 관대의 시기에는 독립할 수 있다.

- 보호를 받다가 세상에 홀로 나가는 것이 관대이다.

- 독립을 한다는 것은 쉬운 일이 아니다.

- 관대·건록·제왕이 되면 할 일이 많아진다.

- 할 일의 종류는 천간 속성에 따라 다양하다.

- 乙木은 힘이 강해질수록 실내로 들어가니 보이지 않는다.

- 보이지 않는다고 없는 것이 아니다.

- 음간을 무시하면 안 된다.

- 명리학은 음양에 관한 학문이다.

- 자연의 법에서는 음과 양은 50 대 50이다.

● 월간 정인 辛金은 안으로 들어가며 확산 상승하는 속성이 있다.

● 金에는 庚金과 辛金이 있으니 오행으로 金이라고 하면 안 된다.

● 庚金은 응축 하강하고, 辛金은 확산 상승하는 속성이 있다.

● 庚金은 안에서 밖으로 나오고, 辛金은 밖에서 안으로 들어간다.

● 올라가면 내려오고, 들어가면 나오는 것이 음양 운동이다.

● 辛金 정인은 월지 未에서 12운성 묘이다.

● 묘는 일을 마치고 잠자리에 드는 시간이다.

● 묘 다음에는 절·태·양이 온다.

● 절·태·양에서는 잠을 자며 휴식, 충전하면 좋다.

가을철 壬水

申월 壬水

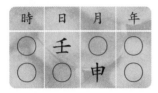

- 申월에는 庚金과 乙木이 건록이다.

- 庚金과 乙木 중에서 천간에 투한 글자를 격으로 잡는다.

- 일간 壬水는 밖으로 나오며 더 응축 더 하강하는 속성이 있다.

- 응축 하강하면 외형은 작고 단단해진다.

- 응축 하강은 외형보다 내실을 더 추구하는 속성이 있다.

- 일간 壬水는 월지 申에서 12운성 장생이다.

- 申월은 庚金이 건록으로 활동하는 시기이다.

- 이때 壬水는 장생으로 일을 시작한다.

- 자연은 미리미리 준비한다.

- 어릴 때 청년기를 준비하고, 청년기에 중년기를 준비한다.

- 그리고 중년기에는 노년기를 준비한다.

- 자연의 법을 지키며 살아가면 탈이 없다.

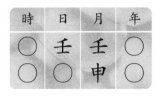

- 일간과 월간 비견 壬水는 밖으로 나오며 더 응축 더 하강하는 속성
  이 있다.

- 일간과 월간 壬水는 월지 申에서 장생이다.

- 비견은 나와 경쟁하는 친구, 동료, 형제와 같다.

- 비견은 상대가 아닌 자기와 싸움의 성격이 강하다.

- 비견은 일간의 경쟁력 향상에 도움이 된다.

- 훈련을 받거나 공부할 때 혼자보다는 비견들과 하면 더 좋다.

- 혼자 공부하는 과외 등은 효율이 떨어진다.

- 겁재는 권투나 축구의 동료처럼 반드시 이겨야 할 대상이다.

- 겁재는 이기거나 지거나 둘 중 하나이다.

- 일간은 壬水 비견과 더 응축 더 하강하는 경쟁을 한다.

- 비견 壬水가 있으니 더욱 빨리 더 응축 더 하강하게 된다.

- 확산하는 경쟁도 있고, 응축하는 경쟁도 있다.

- 천간의 속성을 통해 파악할 수 있다.

- 월간 편관 戊土는 丙火의 더 확산 더 상승 운동을 멈추게 하고, 응축 하강 운동하는 庚金을 돕는다.
- 확산 상승은 내실보다 외형을 중요시한다.
- 戊土 편관은 월지 申에서 12운성 병이다.
- 병은 퇴근하는 시기가 다가오니 일을 줄여가야 한다.
- 산을 오를 때와 내려갈 때 할 일이 따로 있다.
- 생·욕·대는 산을 오르는 것이고, 병·사·묘는 산을 내려가는 것이다.
- 생·욕·대에서는 일이 늘어나고, 병·사·묘에서는 일이 줄어든다.

 酉월 壬水

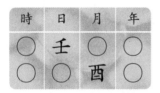

- 酉월에는 庚金과 乙木이 제왕이다.
- 庚金과 乙木 중에서 천간에 투한 글자를 격으로 잡는다.
- 酉월 壬水는 12운성 목욕이다.
- 壬水는 申월보다 酉월에 더 강해진다.
- 목욕은 장생보다 더 성장한 시기로 청년과 같다.

●아직 배우는 청년이므로 목욕에서 독립할 수는 없다.

●壬水가 강해지면 더 응축 더 하강은 더욱 왕성해진다.

●첫 단추를 잘못 끼우면 노력을 헛수고로 만든다.

●정확한 눈금을 가진 자나 저울을 갖는 것이 중요하다.

●정확한 눈금을 가진 자나 저울을 가지면 어떤 사주를 봐도 자신감이 생긴다.

●월간 정재 丁火는 월지 酉에서 12운성 목욕이다.

●일간 壬水와 월간 丁火는 12운성을 같이 쓴다.

●壬水가 손등이라면 丁火는 손바닥이다.

●손등과 손바닥은 항상 함께 다닌다.

●壬水와 丁火는 더 응축 더 하강하는 속성이 있다.

●어둡고 추운 곳에서 활약하는 壬水와 丁火이다.

●壬水와 丁火는 외형보다는 실속을 추구한다.

●壬水와 丁火, 己土는 亥子丑에서 록·왕·쇠로 할 일이 많다.

●팔자 자체에 좋고 나쁨이 있는 것이 아니다.

●주어진 글자의 속성을 지키는 것이 중요하다.

●집 안에 있는 물건 자체가 좋고 나쁜 것이 아니다.

● 물건의 용도에 맞게 필요할 때 사용하면 모두 좋다.

戌월 壬水

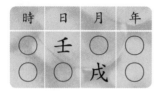

● 戌월은 가을에서 겨울로 넘어가는 시기이다.

● 戌월에는 庚金이 쇠이고, 壬水가 관대이다.

● 壬水가 관대에 이르니 만물은 더욱 응축 하강하게 된다.

● 丙火가 관대에 이르면 더 확산 더 상승이 활발해진다.

● 똑같은 관대라도 천간에 따라 다르게 나타난다.

● 천간 지지의 속성을 아는 것이 필요하다.

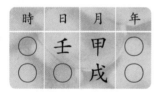

● 월간 식신 甲木은 밖으로 나오면서 확산 상승하는 속성이 있다.

● 같은 십신이라도 글자의 속성에 따라 다르게 사용해야 한다.

● 甲木은 월지 戌에서 12운성 양이다.

●양은 잉태한 후 뱃속에 있는 시기이다.

●태나 양은 미약하여 보호를 받아야 한다.

●지위나 계급이 낮다는 의미이다.

●지위나 계급이 높다고 모두 좋은 것은 아니다.

●타고난 그릇의 크기에 맞게 사용하면 된다.

●팔자에 주어진 능력에 맞는 일을 해야 탈이 없다.

●천간의 글자는 자기가 추구하는 마음이다.

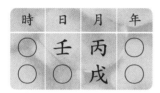

●일간 壬水는 밖으로 나오며 더 응축 더 하강하는 속성이 있다.

●월간 丙火는 밖으로 나오며 더 확산 더 상승하는 속성이 있다.

●편재 丙火는 월지 戌에서 12운성 묘이다.

●팔자 원국은 태어날 때 각자에게 주어지는 시간표이다.

●시간표를 잘 지키면 무난히 살아갈 수 있다.

●시간표를 어기면 좌충우돌하며 살게 된다.

●천간의 상황은 지지를 보면 파악할 수 있다.

●재성은 내가 해야 할 일을 밀고 나가는 힘이다.

●관다(官多)가 되면 나에게 명령, 지시하는 사람이 많아진다.

●강한 세력에는 복종해야 한다.

겨울철 壬水

亥월 壬水

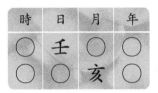

- 亥월에는 壬水와 丁火 그리고 己土가 건록이다.
- 壬水와 丁火, 己土 중에서 천간에 투한 글자를 격으로 잡는다.
- 일간 壬水는 월지 亥에서 12운성 건록이다.
- 건록이나 제왕이라고 무조건 크고 화려한 것은 아니다.
- 같은 12운성이라도 글자의 속성에 따라 다른 현상으로 나타난다.
- 壬水가 건록·제왕에 이르면 더 응축 더 하강 운동이 강하게 일어난다.
- 응축 하강 운동이 일어나면 외형은 볼품이 없게 된다.
- 모든 천간은 록·왕의 시기에 일이 많아진다.
- 록·왕의 시기에는 왕성하게 활동하면 좋다.
- 일할 기회가 자주 오는 것이 아니다.
- 어디에서 일을 해야 할지는 지지로 파악한다.
- 지지가 생활하는 장소와 시기를 나타내기 때문이다.

●월간 乙木은 상관이다.

●乙木은 안으로 들어가며 응축 하강하는 속성이 있다.

●乙木은 겨울 亥子丑에서 丁火에게 배턴을 넘기고 물러난다.

●상관 乙木은 월지 亥에서 12운성 병이다.

●식신이 전문점이라면, 상관은 백화점과 같다.

●식신이 한 가지 메뉴라면, 상관은 메뉴가 많다.

●식신이 대학교수라면, 상관은 초등학교 교사이다.

●초등학교 교사는 여러 과목을 가르친다.

●같은 십신이라도 천간의 속성에 따라 다른 현상이 나타난다.

●오행이나 십신이 아닌 천간과 지지 중심의 공부를 해야 한다.

●월간 辛金은 월지 亥에서 12운성 장생이다.

●辛金은 겨울 亥子丑에서 생·욕·대이다.

●생·욕·대는 출근하여 일을 늘려가는 시기이다.

●자연은 미리미리 준비한다.

- 자연의 법칙에는 급출발이나 급제동이 없다.

- 봄·여름·가을·겨울의 변화가 자연의 법이다.

- 아침·낮·저녁·밤의 변화가 자연의 법이다.

- 월간 辛金은 甲木처럼 확산 상승하는 속성이 있다.

- 辛金은 음간이므로 안으로 들어가면서 활동한다.

- 만일 辛金을 밖에서 활용하면 실패할 가능성이 커진다.

- 음지식물을 양지에 내어놓는 꼴이다.

- 월간 辛金은 정인이다.

- 정인도 천간마다 다른 모습으로 나타난다.

- 성공과 실패의 차이는 글자의 속성을 얼마나 잘 지키느냐에 달려 있다.

子월 壬水

- 子월에는 壬水와 丁火 그리고 己土가 제왕이다.

- 壬水와 丁火, 己土 중에서 천간에 투한 글자를 격으로 잡는다.

- 제왕이라도 천간에 따라 모두 다른 현상으로 나타난다.

- 丙火의 제왕, 壬水의 제왕이 다르다.

- 甲木의 제왕, 庚金의 제왕이 다르다.

- 그래서 천간과 지지를 공부하는 것이 중요하다.

- 록·왕·쇠에 이르면 어떤 천간이든지 정신없이 바쁘게 일한다.

- 찾는 사람이 많아서 일이 많아진다.

- 일이 많다고 무조건 좋은 것은 아니다.

- 일이 많으면 육체적, 정신적으로 힘들다.

- 모든 일에는 음양이 있다.

- 보는 관점에 따라 다르다.

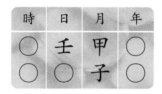

- 월간 식신 甲木은 밖으로 나오면서 확산 상승하는 속성이 있다.

- 밖으로 나오면서 확산 상승하는 식신 활동을 하면 좋다.

- 일간 壬水는 월지 子에서 제왕이다.

- 응축 하강하면 외형보다는 실속을 추구한다.

- 봄·여름이 확산 상승이라면, 가을·겨울은 응축 하강이다.

- 화려하면서 실속을 동시에 추구할 수는 없다.

- 월간 식신 甲木은 월지 子에서 목욕이다.

- 목욕은 청년처럼 많이 성장했으나 아직 독립은 이르다.

- 독립하지 못할 때는 남 밑에서 일하는 것이 좋다,

- 월급 받고 사는 사람들이 남 밑에서 일하는 사람들이다.

- 태, 양, 장생, 목욕의 순서로 그릇은 커진다.

- 팔자도 중요하지만 환경도 중요하다.

- 기왕이면 좋은 환경에서 배우면 좋다.

- 월간 戊土 편관은 월지 子에서 12운성 태이다.

- 戊土는 丙火의 더 확산 더 상승 운동을 멈추게 하고, 응축 하강 운동
  하는 庚金을 돕는다.

- 확산 상승하는 성질을 가진 천간은 크고 화려하다.

- 월간 戊土 편관은 긴장감, 단정함, 경직됨, 살벌함이 있다.

- 물론 편관도 천간 고유의 속성에 따라 다른 현상으로 나타난다.

- 팔자로 성공, 실패, 합격, 불합격, 당선, 낙선을 알 수 없다.

- 팔자에는 그릇의 종류와 크기만 알 수 있다.

- 팔자를 어떻게 사용해야 할지는 팔자 주인공에게 달려 있다.

- 전자제품 등 물건들이 주인에 따라 달리 사용되는 것과 같다.

- 크든지 작든지, 비싸든지 싸든지 적재적소에 사용하면 모두 좋다.

- 그릇의 종류와 크기에 맞춰 운의 흐름을 보면서 살면 좋다.

丑월 壬水

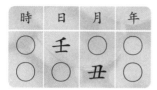

- 丑월은 겨울에서 봄으로 넘어가는 시기이다.

- 응축 하강하는 운동이 확산 상승하는 운동으로 바뀐다.

- 丑은 壬水가 甲木에게 배턴을 넘기고 물러나는 시기이다.

- 丑월에 壬水는 12운성 쇠이다.

- 정상에 이르면 다음은 무조건 내려와야 한다.

- 올라갈 때 일이 많아지고, 내려올 때 일이 적어진다.

- 개인의 생각을 버리고 운의 흐름에 따라 살아가야 한다.

- 단풍을 좋아하는 사람도 봄에는 꽃 구경을 즐겨야 한다.

- 벚꽃을 좋아하는 사람도 가을에는 단풍 구경을 가야 한다.

- 壬水와 己土 그리고 丁火는 12운성을 같이 쓴다.

- 월간 己土 정관은 월지 丑에서 12운성 쇠이다.

- 己土는 壬水처럼 응축 하강하는 속성이 강하다.

- 정관 己土를 쓰려면 더 응축 더 하강하는 일로 사용해야 한다.

- 응축 하강하는 글자는 외형보다는 실속을 추구한다.

- 관성은 법과 질서를 잘 지키고 예의가 바르다.

- 십신은 직업을 말하지 않는다.

- 법과 질서를 잘 지키는 사람은 어느 집단에나 있다.

- 십신은 천간의 성향을 나타낸다.

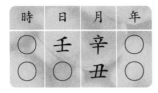

● 월간 정인 辛金은 안으로 들어가며 확산 상승하는 속성이 있다.

● 辛金은 월지 丑에서 관대이다.

● 寅卯辰에서는 甲木과 辛金이 록·왕·쇠이다.

● 관대의 시기는 취직, 입학, 입대하는 것처럼 홀로서기가 가능하다.

● 관대는 건록이나 제왕보다는 힘이 약하다.

● 천간 고유의 성향은 언제나 어디서나 변하지 않는다.

● 정인은 편인보다 따뜻함과 정(情)이 있다.

● 정인과 편인은 따뜻한 밥과 찬밥의 차이이다.

● 정인은 '늘, 항상'을 의미하고, 편인은 '가끔, 이따금'을 의미한다.

癸水 정리

봄철 癸水

寅월 癸水

時	日	月	年
○	癸	○	○
○	○	寅	○

●寅월에는 甲木과 辛金이 건록이다.

●甲木과 辛金 중에서 천간에 투한 글자를 격으로 잡는다.

●癸水는 안으로 들어가며 더 확산 더 상승하는 속성이 있다.

●일간 癸水는 월지 寅에서 장생이다.

●장생은 자라나는 어린아이와 같다.

●壬水가 밖으로 나가면, 癸水는 안으로 들어온다.

●壬水가 내려가면, 癸水는 올라간다.

●안이 없는 밖이 없고, 밖이 없는 안은 없다.

●보이지 않는다고 음간을 무시하면 안 된다.

- 戊土와 癸水는 손바닥과 손등과 같다.

- 밖에서는 戊土가 활동하고, 안에서는 癸水가 활동한다.

- 월간 정관 戊土는 월지 寅에서 장생이다.

- 장생은 어린아이와 같으니 정관의 그릇이 크지 않다.

- 정관의 직책이 낮다는 뜻이다.

- 12운성으로 그릇의 고저를 판단할 수 있다.

- 정관도 천간의 속성에 따라 모두 다르다.

- 십신을 직업과 연관시키면 안 된다.

- 결과를 알고 팔자에 맞추려고 하면 안 된다.

- 편재 丁火는 안으로 들어가며 더 응축 더 하강하는 속성이 있다.

- 글자의 속성을 잘 지켜야 실패할 확률이 낮다.

- 동물과 식물의 속성이 다르고, 시골 쥐와 도시 쥐의 속성도 다르다.

- 태어날 때 주어지는 자기의 속성을 지켜야 한다.

- 월간 편재 丁火는 외형보다는 실속을 좋아한다.

- 누구나 화려한 명품을 좋아하는 것은 아니다.

- 丁火는 월지 卯에서 12운성 병이다.

- 출근할 때와 퇴근할 때의 일이 다르다.

- 출근하는 생·욕·대에서는 일을 늘려가야 한다.

- 퇴근하는 병·사·묘에서는 일을 줄여가야 한다.

- 丁火가 퇴근하면, 丙火가 출근한다.

- 丙火가 퇴근하면, 丁火가 출근한다.

卯월 癸水

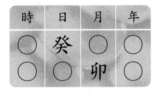

- 癸水는 안으로 들어가며 더 확산 더 상승하는 속성이 있다.

- 卯월에는 甲木과 辛金이 제왕이다.

- 甲木과 辛金 중에서 천간에 투한 글자를 격으로 잡는다.

- 일간 癸水는 월지 卯에서 12운성 목욕이다.

- 목욕은 취업을 준비하는 청년과 같다.

- 목욕 다음 관대에서 변화가 생겨 독립할 수 있다.

- 유치원 입학이나 군대 입대도 독립이다.

- 癸水는 음간이므로 실내에서 주로 두뇌를 사용한다.

- 양간은 실외에서 주로 손발을 사용한다.

- 물론 음(陰) 중 양도 있고, 양(陽) 중 음도 있다.

- 실내에서 손발을 쓰는 사람도 있고, 실외에서 두뇌를 쓰는 사람도 있다.

- 일간 癸水는 월지 卯에서 목욕이다.

- 편인 辛金은 월지 卯에서 제왕이다.

- 편인이 제왕이니 편인격이다.

- 내부에서 확산 상승하는 편인 활동을 하면 좋다.

- 편인은 남이 하지 않는 독특한 생각을 한다.

- 발명가나 기인(奇人)의 성향이 있다.

- 타고난 능력과 소질을 살리면 좋다.

- 그러나 환경 등의 요인 때문에 팔자대로 살지 못하는 사람들이 많다.

- 같은 12운성이 같은 현상으로 나타나지는 않는다.

- 천간과 지지에 따라 모두 다르게 나타난다.

- 따라서 천간과 지지 공부가 명리학의 핵심이다.

- 기초가 잘못되면 높은 탑을 쌓을 수 없다.

- ●월간 乙木 식신은 월지 卯에서 12운성 태이다.

- ●乙木은 안으로 들어가며 응축 하강하는 속성이 있다.

- ●응축 하강하는 식신 활동을 해야 한다.

- ●甲木과 辛金은 봄철 寅卯辰에서 록·왕·쇠이다.

- ●乙木과 庚金은 봄철 寅卯辰에서 절·태·양이다.

- ●절·태·양에서는 할 일이 없으니 충전하며 지내면 좋다.

- ●충전의 시기에는 학문, 여행, 기도, 휴식 등이 좋다.

- ●절·태·양에서 열심히 일하면 실패할 가능성이 크다.

辰월 癸水

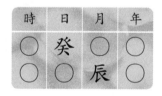

- ●辰월은 봄에서 여름으로 넘어가는 환절기이다.

- ●여름으로 가면서 확산 상승 운동이 더욱 왕성해진다.

- ●일간 癸水는 월지 辰에서 관대이다.

●관대는 이제 취직한 시기로 새로운 환경으로 들어간다.

●새로운 환경에서 일이 힘들더라도 견뎌야 한다.

●癸水는 巳午未에서 록·왕·쇠이다.

●록·왕·쇠는 열심히 활동할 시기이다.

●록·왕·쇠 시기에는 할 일이 많아지고 찾는 사람도 많다.

●할 일이 많으면 피곤할 수 있다.

●그러나 일할 기회가 자주 오는 것이 아니다.

●록·왕·쇠에서 힘들더라도 열심히 일해야 한다.

●일간 癸水는 월지 辰에서 관대이다.

●월간 정인 庚金은 월지 辰에서 12운성 양이다.

●양의 시기는 뱃속에서 자라는 아이와 같다.

●아직 어리니 정인의 그릇은 크지 않다.

●庚金 정인은 밖으로 나오며 응축 하강하는 속성이 있다.

●정인은 편인보다 따뜻함이 있다.

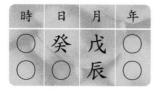

時	日	月	年
○	癸	戊	○
○	○	辰	○

●일간 癸水와 월간 戊土는 12운성을 같이 쓴다.

●정관 戊土는 월지 辰에서 관대이다.

●정관의 그릇이 록·왕보다는 못하지만 나름 큰 편이다.

●운의 흐름을 보며 정관의 사용을 결정한다.

●원국에서 강한 글자도 운의 도움을 받지 못하면 허탕이다.

●원국의 글자들은 운의 지배를 받는다.

●좋은 벗나무라도 운을 만나지 못하면 꽃을 피울 수 없다.

●운을 만나지 못해 꽃을 피우지 못하고 가는 팔자가 대부분이다.

●꽃이 피는 것은 노력이 아닌 운 때문이다.

●운이 왔다고 저절로 이루어지는 것은 아니다.

●봄이 왔다고 저절로 씨앗이 뿌려지는 것은 아니다.

●운이 왔을 때 열심히 노력하여 기회를 놓치지 말아야 한다.

여름철 癸水

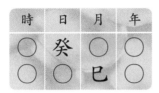 巳월 癸水

- 巳월에는 丙火와 戊土 그리고 癸水가 건록이다.

- 丙火와 戊土, 癸水 중에서 천간에 투한 글자를 격으로 잡는다.

- 癸水는 안으로 들어가며 더 확산 더 상승하는 속성이 있다.

- 관대에서 건록, 제왕으로 가면 힘이 강해진다.

- 음간이 힘을 얻으면 안으로 들어가게 되니 보이지 않는다.

- 보이지 않는다고 없는 것은 아니다.

- 음양은 대등하여 자연의 반을 차지하고 있다.

- 癸水는 월지 巳에서 건록이다.

- 여름철의 癸水는 구름, 습기, 땀 등이다.

- 봄·여름철 나뭇잎 속에는 더 확산 더 상승하는 癸水가 가득하다.

- 봄·여름 대기 속에는 습기가 가득하다.

- 여름철 水가 약하다고 하면 안 된다.

- 巳午未에서 壬水가 절·태·양이고, 癸水는 록·왕·쇠이다.

時	日	月	年
○	癸	丁	○
○	○	巳	○

● 월간 丁火는 안으로 들어가며 더 응축 더 하강하는 속성이 있다.

● 丁火는 어둡고 추운 공간에서 빛을 발한다.

● 음지식물은 음지에서 살아야 하고, 양지식물은 양지에서 살아야
  한다.

● 음지에서는 주로 두뇌를 사용하고, 양지에서는 주로 손발을 사용
  한다.

● 물론 음지에서 손발을 쓸 수도 있고, 양지에서 두뇌를 쓸 수도 있다.

● 태양, 소양, 소음, 태음의 차이이다.

● 명리학은 태어날 때 주어지는 각자의 시간표를 알려준다.

● 丁火는 여름철 巳午未에서 절·태·양이다.

● 절·태·양에서는 휴식, 충전하는 것이 좋다.

● 절·태·양일 때 드러나는 활동을 하면 문제가 생길 수 있다.

● 병원이나 감옥도 절·태·양 환경이다.

● 丁火가 여름철에 드러나서 활동하면 丙火에게 당한다.

● 병탈정광(丙奪丁光)은 이런 경우에 쓰는 말이다.

● 타고난 글자의 속성과 운의 흐름을 따라야 한다.

●월간 식신 乙木은 안으로 들어가며 응축 하강하는 속성이 있다.

●음이 강해질수록 더욱 깊이 들어간다.

●보이지 않는 음을 잘 알아야 한다.

●보이는 것은 누구나 알 수 있다.

●응축 하강, 즉 실속을 추구하는 식신 활동을 해야 한다.

●일간은 십신을 정하는 기준이다.

●십신은 천간 글자끼리 정한다.

●십신은 천간과 지지로 정하지 않는다.

●식신 乙木은 월지 巳에서 12운성 장생이다.

●장생은 아직 어린아이와 같다.

●윗사람들의 도움을 받아야 하는 시기이다.

●식신은 한 가지를 깊이 파는 전문가적 소질이 있다.

午월 癸水

- 午월에는 丙火와 戊土 그리고 癸水가 제왕이다.

- 丙火와 戊土, 癸水 중에서 천간에 투한 글자를 격으로 잡는다.

- 일간 癸水는 안으로 들어가며 더 확산 더 상승하는 속성이 있다.

- 癸水는 월지 午에서 12운성 제왕이다.

- 제왕에 이르면 더 올라갈 곳이 없으니 일을 줄일 생각을 해야 한다.

- 확산 상승의 글자는 실속보다는 외형에 관심이 많다.

- 더 높고 더 크고 더 화려한 일을 추구한다.

- 남에게 자랑하려고 하는 일은 확산 상승의 속성이다.

- 명품을 좋아하는 사람도 이유가 있다.

- 누구나 명품을 좋아하는 것은 아니다.

- 천간 지지의 고유 속성을 지켜야 한다.

- 태어날 때 주어지는 각자의 길을 가야 한다.

- 간섭하지도 말고 간섭받지도 말아야 한다.

- ●癸水와 戊土는 손바닥과 손등의 관계와 같다.

- ●같은 지지에서 같이 일하고 같이 쉰다.

- ●정관 戊土는 월지 午에서 12운성 제왕이다.

- ●정관격이다.

- ●정관 戊土가 제왕이니 화려한 관을 추구한다.

- ●남이 뭐라고 하든지 글자의 속성대로 살면 편안하다.

- ●마음 편하게 사는 것이 행복이다.

- ●타고난 팔자대로 살아갈 때 마음이 편하다.

- ●남의 시선을 의식하지 말고 자기 방식으로 살아야 한다.

- ●친구 따라 강남 가지 말아야 한다.

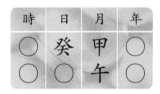

- ●월간 상관 甲木은 밖으로 나오면서 확산 상승하는 속성이 있다.

- ●상관의 종류도 천간에 따라 다른 형태로 사용해야 한다.

- ●십신 중심이 아닌 천간 지지 중심으로 공부해야 한다.

- ●공부를 해도 실력이 늘지 않는 것은 방법이 틀렸기 때문이다.

●甲木보다 丙火나 戊土가 확산 상승하는 속성이 더 강하다.

●辛金보다 癸水가 확산 상승하는 속성이 더 강하다.

●甲木은 월지 午에서 12운성 사이다.

●사에서는 일을 줄여가야 한다.

●병보다 사, 사보다 묘, 묘보다 절이 더 한가해야 한다.

●팔자보다 환경이 더 중요하다.

●환경 때문에 팔자대로 살지 못하는 사람이 많다.

未월 癸水

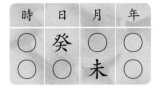

●일간 癸水는 월지 未에서 12운성 쇠이다.

●12운성 쇠는 막 은퇴한 시기와 같다.

●쇠·병·사는 일을 줄이면서 퇴근을 준비하는 시기이다.

●쇠·병·사에서는 새로 일을 시작하거나 확장하면 안 된다.

●12운성 쇠의 반대편에는 양이 있다.

●쇠보다 먼저 은퇴한 병·사·묘가 더 느긋하게 살아간다.

●운의 흐름을 파악하여 미리 계획하고 살아야 한다.

●월간 辛金은 안으로 들어가며 확산 상승하는 속성이 있다.

●辛金은 편인이다.

●편인은 안정감이 없고, 정인은 안정감이 있다.

●편인은 따뜻함이 없고, 정인은 따뜻함이 있다.

●편인은 편안함이 없고, 정인은 편안함이 있다.

●편인은 기타 과목이고, 정인은 국·영·수이다.

●편인은 실업계이고, 정인은 인문계이다.

●편인은 대체 학문이고, 정인은 일반 학문이다.

●월간 편인 辛金은 월지 未에서 12운성 묘이다.

●천간의 고유 속성은 반드시 지켜야 한다.

●성패가 팔자 자체에 있는 것이 아니다.

●글자의 속성을 얼마나 잘 지키느냐 지키지 않느냐에 성패가 달려
  있다.

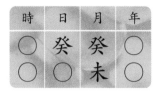

- 월간 癸水는 비견이다.

- 癸水는 안으로 들어가며 더 확산 더 상승하는 속성이 있다.

- 비견은 함께 공부하거나 훈련, 연습, 경쟁하는 친구, 동료이다.

- 부모, 후배, 동료, 선생님, 선배 등도 비견이 될 수 있다.

- 아버지나 선생님과도 달리기 시합을 할 수 있다.

- 십신은 직업을 말하는 것이 아니다.

- 비견은 자기와의 싸움이고, 겁재는 상대와의 싸움이다.

- 육상 동료 선수들이 비견이라면, 권투 동료 선수들은 겁재이다.

- 癸水는 월지 未에서 12운성 쇠이다.

- 쇠는 은퇴하는 시기이다.

- 새로운 변화에 대비해야 한다.

가을철 癸水

申월 癸水

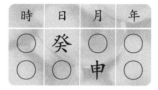

- 申월에는 庚金과 乙木이 건록이다.

- 庚金과 乙木 중에서 천간에 투한 글자를 격으로 잡는다.

- 일간 癸水는 안으로 들어가며 더 확산 더 상승하는 속성이 있다.

- 확산 상승 운동은 봄·여름에 일어난다.

- 癸水는 寅卯辰에서 생·욕·대, 巳午未에서 록·왕·쇠이다.

- 일간 癸水는 월지 申에서 12운성 병이다.

- 申월은 庚金이 건록으로 응축 하강이 시작되는 시기이다.

- 癸水는 일을 줄이며 퇴근 준비를 해야 한다.

- 퇴근할 때는 기존의 일을 확장하면 안 된다.

- 출근할 때 출근하고 퇴근할 때 퇴근하면 탈이 없다.

- 자연의 법을 지키지 않고 팔자 탓을 해서는 안 된다.

- 월간 甲木 상관은 밖으로 나오며 확산 상승하는 속성이 있다.

- 월지 申에서는 응축 하강이 일어나는 시기이다.

- 월간 甲木은 월지 申에서 절이다.

- 확산 상승하는 상관 甲木은 申에서는 할 일이 없다.

- 절의 시기에는 조용히 쉬면서 충전하면 좋다.

- 절에서는 공부, 여행, 여유, 휴가, 기도 등이 좋다.

- 지방, 섬, 산속, 사찰, 연구실, 독서실, 해외 등에 있어도 좋다.

- 출근해서 일하고 퇴근해서 잠자는 것이 자연의 법이다.

- 월간 壬水는 밖으로 나오며 더 응축 더 하강하는 속성이 있다.

- 일간 癸水는 안으로 들어가며 더 확산 더 상승하는 속성이 있다.

- 壬水와 癸水는 반대로 운동한다.

- 壬水가 더 응축하면, 癸水는 더 확산한다.

- 壬水가 더 하강하면, 癸水는 더 상승한다.

- 음양에서 오행은 양만 이야기한다.

- 오행은 보이지 않는 음은 무시하고 있다.

- 월지 申에서 겁재 壬水는 장생이고, 일간 癸水는 병이다.

- 癸水는 음간이고 壬水는 양간이기 때문에 운동 방향이 다르다.

- 자기 자리에 있을 때 자신감이 생긴다.

- 양지식물은 양지에 있을 때 힘이 나고, 음지식물은 음지에 있을 때
  힘이 난다.

- 양지식물이 음지로 들어가거나, 음지식물이 양지로 들어가면 자신
  감이 없어진다.

- 겁재와 다툴 때는 자기 영역에서 싸워야 유리하다.

酉월 癸水

- 酉월에는 庚金과 乙木이 제왕이다.

- 庚金과 乙木 중에서 천간에 투한 글자를 격으로 잡는다.

- 癸水는 안으로 들어가며 더 확산 더 상승하는 속성이 있다.

- 酉월은 응축 하강이 일어나는 시기이다.

- 일간 癸水는 월지 酉에서 12운성 사이다.

- 병·사·묘는 은퇴 후로 할 일이 줄어드는 시기이다.
- 천간과 지지가 다를 경우는 지지 현실을 따라야 한다.
- 지지 현실은 바꿀 수가 없으니 천간 생각을 바꾸어야 한다.
- 생각은 쉽게 바꿀 수 있다.

- 월간 乙木은 안으로 들어가며 응축 하강하는 속성이 있다.
- 식신 乙木은 월지 酉에서 12운성 제왕이다.
- 식신격이다.
- 건록이나 제왕의 시기에는 할 일이 가장 많아진다.
- 일이 많아지면 정신적, 육체적으로 힘들 수 있다.
- 힘들어도 참고 견뎌야 한다.
- 일하고 싶어도 운이 지나가면 일이 없을 때도 있기 때문이다.
- 음간은 제왕이면 실내로 깊이 들어간다.
- 실내로 깊이 들어가면 보이지 않는다.
- 깊은 실내에서는 연구, 종교, 철학, 사상 등 활동이 좋다.
- 팔자 자체에 성패가 있는 것은 아니다.
- 글자의 속성을 얼마나 잘 지키느냐에 성패가 달려 있다.
- 팔자가 다르므로 각자의 생각과 환경이 다르다.

●자신에게 주어진 길을 가야 한다.

●월간 丁火 편재는 더 응축 더 하강하는 속성이 강하다.

●丁火는 월지 酉에서 12운성 목욕이다.

●목욕은 청소년과 같아 아직은 배우는 단계이다.

●윗사람에게 보호를 받으며 배워야 한다.

●기왕이면 자기 능력을 이끌어줄 리더를 잘 만나야 한다.

●종자가 큰 나무라도 화분에 심어버리면 클 수가 없다.

●지위가 높거나 돈이 많다고 좋은 것이 아니다.

●자기 그릇에 맞는 일을 하며 마음 편하게 사는 것이 행복이다.

●응축 하강하면서 실속을 챙기는 편재 활동을 하면 좋다.

戌월 癸水

- 일간 癸水는 월지 戌에서 12운성 묘이다.

- 癸水는 안으로 들어가며 더 확산 더 상승하는 속성이 있다.

- 戌은 가을에서 겨울로 가는 시기이다.

- 戌은 저녁에서 밤으로 가는 시기이다.

- 戌에서 水가 약하다고 하면 안 된다.

- 戌에서는 壬水가 관대이고, 癸水가 묘이다.

- 묘에서는 찾는 사람이 적어져서 일이 적어진다.

- 여유 시간이 많으니 종교, 철학, 역사, 심령, 우주 등에 관심이 많다.

- 월간 丙火 정재는 더 확산 더 상승하는 속성이 강하다.

- 월간 丙火는 월지 戌에서 12운성 묘이다.

- 묘에서는 찾는 사람이 적으니 할 일도 줄어든다.

- 묘의 시기에는 시간적 여유가 많다.

●시간적 여유가 많으니 종교, 사상, 철학, 학문 등에 관심이 있다.

●월간 정인 庚金은 밖으로 나오며 응축 하강하는 속성이 있다.

●정인 庚金은 월지 戌에서 12운성 쇠이다.

●은퇴한 시기가 쇠이다.

●은퇴하면 시간적 여유가 생긴다.

●바쁘게 살던 과거 록왕의 시절은 잊어야 한다.

●응축 하강하면 외형은 초라해진다.

●응축 하강하면 실속이 생긴다.

●봄·여름·가을·겨울에 해야 할 일이 다르다.

●팔자에 주어진 자신의 길을 가야 한다.

●남과 비교하면 안 된다.

●자신의 길은 팔자 원국과 운의 흐름으로 알 수 있다.

●팔자 원국에서는 그릇의 종류와 크기가 정해진다.

●운에 의해서 그릇의 종류와 크기가 변하지 않는다.

●봄·여름·가을·겨울 해바라기는 해바라기이다.

●봄·여름·가을·겨울 해바라기 모습은 변한다.

●원국과 운의 차이를 알아야 한다.

겨울철 癸水

亥월 癸水

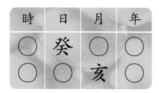

● 亥월에는 壬水와 丁火 그리고 己土가 건록이다.

● 壬水와 丁火, 己土 중에서 천간에 투한 글자를 격으로 잡는다.

● 음양은 반대로 운동한다.

● 밤과 낮은 동시에 올 수 없다.

● 한쪽이 올라가면 다른 한쪽은 내려와야 한다.

● 甲木과 乙木, 丙火와 丁火, 戊土와 己土가 음양 관계이다.

● 庚金과 辛金, 壬水와 癸水도 음양 관계이다.

● 양간인 壬水가 건록이면 음간인 癸水는 절이다.

● 절에서는 보이지 않는 곳에 있어야 한다.

● 절은 잠자리에 드는 것과 같다.

● 잠을 잘 때는 휴식하면서 충전을 한다.

● 밤중에 일하거나 돌아다녀서는 안 된다.

● 봄·여름·가을·겨울, 아침·낮·저녁·밤에 맞추어 할 일을 해야
　한다.

●자연의 법을 지키면 탈이 없다.

●월간 식신 乙木은 안으로 들어가며 응축 하강하는 속성이 있다.

●甲木이 확산 상승하면 乙木은 응축 하강한다.

●같은 십신이라도 천간에 따라 속성이 다르다.

●글자의 속성을 얼마나 잘 지키느냐에 따라 성패가 갈린다.

●식신이 전문적인 일을 한다면, 상관은 다방면에 관심이 많다.

●식신은 메뉴가 한 가지라면, 상관은 메뉴가 여러 가지이다.

●乙木은 월지 亥에서 12운성 병이다.

●쇠·병·사는 하던 일을 마무리하고 퇴근하는 시기이다.

●퇴근한 후에 해야 할 일은 따로 있다.

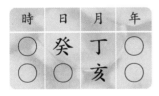

●월간 편재 丁火는 월지 亥에서 12운성 건록이다.

●편재격이다.

●丁火는 안으로 들어가며 더 응축 더 하강하는 속성이 있다.

● 편재 활동을 더 응축 더 하강하는 모습으로 해야 한다.

● 丁火는 촛불이나 화롯불처럼 어둡고 추운 곳에서 일한다.

● 건록이나 제왕에서는 찾는 사람이 많아 인기가 있다.

● 일할 때 일하고 쉴 때 쉬어야 한다.

● 록·왕·쇠에서 일하고, 절·태·양에서 쉬어야 한다.

● 재다(財多)가 되면 내가 해야 할 일이 많아진다.

● 관다(官多)가 되면 나에게 지시하는 사람이 많아진다.

● 편재는 재의 흐름이 안정감이 없다.

● 편차가 심한 것이 편(偏)이다.

子월 癸水

● 子월에는 壬水와 丁火 그리고 己土가 제왕이다.

● 일간 癸水는 월지 子에서 12운성 태이다.

● 태의 시기는 막 잉태한 때이다.

● 윗사람의 보호가 필요한 시기이다.

● 절·태·양에서는 보호를 받으며 조용히 지내야 한다.

●월급 생활을 하면서 윗사람이 시키는 대로 지내면 좋다.

●태는 있는 듯 없는 듯 시키는 대로 하면서 지내면 좋다.

●癸水는 안으로 들어가면서 활동하므로 보이지 않는다.

●보이지 않는다고 없다고 하면 안 된다.

●월간 상관 甲木은 밖으로 나오면서 확산 상승하는 속성이 있다.

●甲木은 월지 子에서 12운성 목욕이다.

●목욕은 청소년과 같다.

●목욕은 사회에 나가기 위해 준비를 하는 시기이다.

●아직 공부가 끝나지 않았으므로 서두르면 안 된다.

●목욕에서 독립은 어렵다는 뜻이다.

●상관은 창의력, 응용력, 융통성, 상상력이 뛰어나다.

●천간의 속성에 따라 확산 상승, 응축 하강 등이 나타난다.

●십신 중심이 아닌 천간과 지지 중심으로 공부해야 한다.

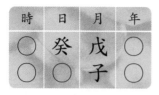

時	日	月	年
○	癸	戊	○
○	○	子	○

- 월간 戊土 정관은 더 확산 더 상승하는 丙火의 운동을 억제하며, 응축 하강 운동하는 庚金을 돕는다.

- 월지 子는 더 응축 더 하강이 일어나는 시기이다.

- 천간과 지지가 다를 때는 무조건 지지가 우선이다.

- 천간의 생각을 지지 현실에 맞춰야 한다.

- 현실을 무시하고 이상만으로 살 수는 없다.

- 현실에 기반을 두고 뜻을 펼쳐야 한다.

- 戊土는 월지 子에서 12운성 태이다.

- 태의 시기에는 뜻은 커도 조용히 잉태된 것처럼 있어야 한다.

- 지킬 것을 지켜야 탈이 없다.

- 태는 보이지 않는 자기만의 공간에서 활동하면 좋다.

- 태는 교장실, 총장실, 사장실, 회장실 등의 공간도 될 수 있다.

丑월 癸水

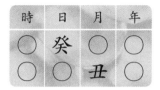

- 丑월은 겨울에서 봄으로 넘어가는 환절기이다.

- 丑은 밤에서 아침으로 넘어가는 시기이다.

- 癸水는 월지 丑에서 12운성 양이다.

- 지지 丑에는 어떤 천간이 있을까?

- 열 개의 천간이 모두 다른 모습으로 존재한다.

- 지장간 癸辛己만 있는 것이 아니다.

- 지장간은 차라리 모르는 것이 낫다.

- 丑에서 甲木과 辛金은 관대이고, 乙木과 庚金은 묘이다.

- 丑에서 丙火와 戊土 그리고 癸水는 12운성 양이다.

- 丑에서 丁火와 己土 그리고 壬水는 쇠이다.

- 격의 고저를 판단할 때 12운성을 사용하면 좋다.

- 12운성은 천간이 해당 지지에서 어떤 모습으로 있는지 나타낸다.

- ●편관 己土는 월지 丑에서 12운성 쇠이다.

- ●쇠는 막 은퇴한 시기로 일이 줄어드는 시기이다.

- ●쇠는 병·사·묘보다는 일이 많아서 바쁘다.

- ●편관은 단정하고 엄격함이 있다.

- ●법과 질서를 정관보다 더 엄격하게 지킨다.

- ●편관 己土는 더 응축 더 하강하는 丁火의 운동을 억제하고, 확산 상승 운동하는 辛金을 돕는다.

- ●丑은 어둡고 추운 공간이나 시간이지만 곧 밝아지고 따뜻해질 것이다.

- ●지지 현실을 지키면서 뜻을 펼쳐야 한다.

- ●丑은 겨울에서 봄으로 넘어가는 시기이다.

- ●丑에서부터 확산 상승 운동이 활발하게 일어난다.

- ●월간 편인 辛金은 월지 丑에서 12운성 관대이다.

- ●辛金은 안으로 들어가며 확산 상승하는 속성이 있다.

● 정인이 따뜻한 밥이라면, 편인은 찬밥이다.

● 천간은 각 글자마다 속성이 다르다.

● 천간의 속성을 지키며 할 일을 해야 한다.

● 편인은 대체 학문이나 틈새 학문이다.

● 편인은 일정한 시세가 형성되지 않은 문서이다.

● 부르는 값으로 거래가 이루어진다.

● 팔자 원국은 태어날 때 각자에게 주어지는 시간표이다.

● 학교 시간표처럼 팔자의 시간표를 지켜야 탈이 없다.

● 친구의 시간표는 다르다.

● 친구 따라 강남 가지 말아야 한다.

다시 쓰는 명리학《종합편》

1판 1쇄 인쇄 | 2024년 04월 05일
1판 1쇄 발행 | 2024년 04월 22일

지은이 | 맹기옥
펴낸이 | 문해성
펴낸곳 | 상원문화사
주소 | 서울시 은평구 증산로 15길 36(신사동) (03448)
전화 | 02)354-8646 · **팩시밀리 |** 02)384-8644
이메일 | mjs1044@naver.com
출판등록 | 1996년 7월 2일 제8-190호

책임편집 | 김영철
표지 및 본문 디자인 | 개미집

ISBN 979-11-85179-40-7 (03180)